COLECCIÓN
LA MUCHACHA DE DOS CABEZAS

100% SOSTENIBLE
100% RESPONSABLES
100% COMPROMETIDOS

ASÍ HEMOS HECHO ESTE LIBRO

Salvo casos excepcionales, trabajamos con una empresa papelera que funciona con biocombustibles locales y se abastece de los bosques cercanos, que gestiona de forma estrictamente sostenible. Ha implantado voluntariamente el Reglamento de la Unión Europea de Ecogestión y Ecoauditoría, y WWF la considera una de las fábricas más sostenibles del mundo.

Allí fabrican el papel interior y exterior con el que se ha hecho este libro, con unas emisiones certificadas de 365 kg de CO_2 por tonelada de papel: un 50 % menos que la media europea y un 75 % menos que la media española. En otras palabras: uno de los papeles más sostenibles del mercado (además de tener las certificaciones FSC, PEFC, ISO9001, ISO14001 y EU Ecolabel).

Uno de los mayores problemas ecológicos a la hora de fabricar papel (y de hacer libros) es el consumo de agua: la media europea está entre 10 y 15 litros por kilo según la European Enviromental Agency. La fabricación del papel interior y exterior de este libro ha consumido solo entre 3 y 4 litros por kilo de papel.

Queremos eliminar todos los materiales de origen fósil de nuestros libros y de nuestro trabajo. Por eso este libro no está plastificado (si lo estuviera, su tirada habría consumido más de 500 m^2 de plástico).

El transporte del papel desde la empresa papelera hasta la imprenta se hace, en buena medida, en trenes de larga distancia, e imprimimos a menos de 300 km de nuestra oficina, todo lo cual nos permite reducir notablemente las emisiones contaminantes.

Una vez fabricados los libros, los envíos que dependen de nosotros se realizan mediante una mensajería con una de las flotas eléctricas más importantes de España (no es perfecto, lo sabemos, pero supone un primer ahorro de emisiones). Además, el 100 % del personal es contratado y cobra un sueldo fijo, no por entregas (algo fundamental para garantizar formas de conducción más seguras para los trabajadores y más sostenibles para el planeta).

Toda la energía utilizada para editar este libro es 100 % energía verde renovable y certificada. Además proviene de una cooperativa de la que nuestra editorial es miembro, de modo que consumimos la energía que previamente producimos en instalaciones solares, eólicas o de biomasa.

Todos los recursos económicos utilizados para editar este libro estaban depositados en la banca ética, y allí llegarán también los beneficios (¡esperemos que los haya!). De este modo garantizamos que este dinero solo revertirá sobre proyectos sostenibles, con un interés social, cultural y medioambiental, sin inversiones en la economía de las energías fósiles.

Si quieres más información sobre estas cuestiones puedes leer el apartado «Compromisos» de nuestra página web o escribirnos a info@erratanaturae.com.

MENUDA PAPELETA

CÓMO ENTRETENERSE DURANTE UN DOMINGO ELECTORAL

FRANÇOIS BÉGAUDEAU

TRADUCCIÓN DE TERESA JARRÍN

errata naturae

PRIMERA EDICIÓN: abril de 2024
TÍTULO ORIGINAL: *Comment s'occuper un dimanche d'élection*

c/ Sebastián Elcano 32
28012 Madrid
info@erratanaturae.com
www.erratanaturae.com

ISBN: 978-84-19158-62-8
DEPÓSITO LEGAL: M-8364-2024
CÓDIGO IBIC: DN
IMAGEN DE CUBIERTA: Anónimo, 1890, colección Duncan
MAQUETACIÓN: Eztizen Uriarte
IMPRESIÓN: Kadmos
IMPRESO EN ESPAÑA – PRINTED IN SPAIN

La opción de votar o no votar no es una elección política.

Entre mis amigos interesados en la política, algunos votan y otros no, y nuestra amistad es independiente de ese hecho. Que yo no vote no molesta a los primeros, y si votase, los segundos tampoco me lo echarían en cara. Apasionados por cualquier tema, en nuestros debates abordamos las elecciones como abordaríamos una preferencia en el vestir o un destino de vacaciones. El año pasado, Stéphanie pasó una semana en Ardèche y, además, votó en las municipales. O no lo hizo. No me acuerdo. No hablamos de ello. Preferimos la política.

Por el contrario, mucha gente indiferente a la política se toma el acto de votar como una cuestión de honor. Son gente que no lee la prensa generalista; que no está abonada a ningún medio *online*; que no indaga sobre ningún conflicto social o armado que esté teniendo lugar; que prefiere tragarse una temporada de *The Crown* a un documental sobre las criptomonedas; que, si les preguntas, desconocen si se ha votado o no tal ley durante la presente legislatura; que no sabrían decir cómo se llama el nuevo canciller alemán; que no pertenecen a ningún sindicato ni a ninguna asociación activista; que no se echaron a las calles el 11 de enero de 2015[1]. Sin embargo, votan siempre.

No es una contradicción.

Mi hermana, que es poco política, vota; su hermano, que es muy político, no vota. Mi hermana y su hermano son personas racionales y lógicas.

Por lo tanto, yo no voto, pero podría muy bien hacerlo, lo mismo que podría vivir en otra ciudad que no fuera París, sacarme o no un abono para el teatro municipal de la ciudad donde vivo o poner internet en mi nueva casa con una empresa de telecomunicaciones u otra.

La abstención es una más de entre todas las muchas cosas que practico sin profesarlas.

Sigo asiduamente el *rugby* sin intentar convertir a mis vecinos a mi misma afición.

[1] El 11 de enero de 2015, millones de personas se manifestaron en París y otras ciudades para expresar su repulsa al atentado contra la revista satírica francesa *Charlie Hebdo* que tuvo lugar en París el 7 de enero de ese mismo año, cuando dos hombres enmascarados, armados con fusiles de asalto, entraron en la redacción y dispararon hasta cincuenta tiros, matando a doce personas e hiriendo a otras once al grito de *Al·lahu-àkbar* [Alá es el más grande]. (Salvo que se indique lo contrario, todas las notas son del editor).

Me pongo azúcar en el café, pero comprendo que otra gente no lo haga.

Nunca me he psicoanalizado, pero no disuadiría a nadie de que lo hiciera.

No tengo carnet de conducir, pero no impediría a nadie sacárselo.

Al contrario, me alegro de que mis conocidos o mis familiares me lleven en coche. Mi huella de carbono seguirá siendo impecable si ellos agravan la suya transportándome de un sitio a otro, como llevan haciendo durante los últimos treinta años en que me he aprovechado de ellos.

Análogamente, no hay duda de que la serenidad con la que yo me abstengo está ligada en parte al hecho de que otras personas no lo hacen.

Del mismo modo en que el trabajo de los proletarios franceses o de Sri Lanka hace posible mi bienestar material, el que los demás voten es lo que permite que yo me abstenga.

Duermo en paz porque los demás vigilan.

Por supuesto, esta metáfora exagera el peso de la acción de votar, porque los votantes no vigilan nada. Pero hay algo de cierto en ella. En verdad, la perspectiva de unas elecciones en las que la abstención se elevase al cien por cien, aunque de entrada resulta fascinante, acaba produciéndome una leve inquietud.

Si me permito no votar es, en primer lugar, por la frágil razón de que otros lo harán en mi lugar.

Mi postura no es universalizable, pues su generalización la aniquilaría. Si todo el mundo se abstuviese, los abstencionistas no podrían seguir apoyándose en los votantes.

Mi postura solo es defendible en el caso de que no la asuma una mayoría. Soy un militante de la abstención que no tiene interés en que nadie se sume a él. Es decir, que de militante no tengo nada.

Mi abstención es una postura blanda.

Me abstengo con tan poco celo que, de hecho, cualquier cosa me decidiría a volver a votar.

Si se diera el caso de que a las 19:30 h de un domingo electoral, con solo mi voto, pudiera impedir la victoria de un inopinado Michel Onfray como candidato de un movimiento «republicano», es posible que me molestase en ir a votar... a menos que prefiriese la emoción de verlo caerse con todo el equipo en el Elíseo.

Si resultase que Poutou[2] u otro camarada anticapitalista estuvieran en posición de ganar a cinco meses de las elecciones, me apartaría sin duda de mi línea y correría a inscribirme de nuevo en las listas, prueba de

[2] Philippe Poutou es un político francés de extrema izquierda que se presentó a las elecciones presidenciales de 2012 encabezando las listas del Nuevo Partido Anticapitalista.

que mi postura es frágil y no se apoya en nada más que en la certidumbre documentada de que el mecanismo electoral excluye que un anticapitalista pueda ganar.

También tengo que reconocer que no me gusta votar.

Igual que no me gusta entrar en una zapatería, abrir los correos de asuntos burocráticos, afeitarme, el barrio de Saint-Lazare, pasar el aspirador por el parqué, las playas de guijarros, el whisky con cola, las últimas novelas de Marguerite Duras, los perros pegajosos o *La chaqueta metálica*.

No me gustó el trámite de obtención de la tarjeta electoral, cuya posesión, además, no me depara ningún orgullo (lo que, sin duda, me convierte en un pequeñoburgués que se ha olvidado de lo privilegiado que es al vivir en un continente «desarrollado»). Tener la tarjeta y, además, utilizarla me llenaría seguramente de emoción si fuera hijo de unos inmigrantes que se las hubieran visto y deseado para obtener la nacionalidad. Pero así de irrefutables son las cosas. Como lo es también el malestar que me embargó en la cabina de votación durante las presidenciales de 2007, terceras y últimas elecciones en las que participé.

Tendría que analizar ese malestar, un malestar teñido de vergüenza. No, no me enorgulleció. En absoluto. Fue un poco como cuando coges en el súper un paquete de fideos instantáneos y, al posarlo en la cinta de la caja, una voz interior y probablemente celeste te pregunta si realmente es tan buena idea.

«¿Es eso de verdad digno de ti?», continúa la voz. «¿De tu ideal de vida?».

Un amigo me dijo un día que a él le encantaba votar. Por mucho que su natural talante anarquista debiera ponerle en guardia ante el trampantojo de las elecciones, no había nada que hacer: votar le causaba tanta euforia como cuando, de pequeño, en Arrás, lo llevaban de paseo a la playa de Berck sur-Mer.

Me contó que le encantaban los colegios electorales, su ambiente tranquilo, los gestos graves, la liturgia laica. Le fascinaba coger tres papeletas para esconder su elección, despreciando ostensiblemente las listas de la derecha, incluido el Partido Socialista; correr la cortina negra; descorrerla para salir del santuario; incorporarse a la cívica cola; apuntar bien a la ranura de la urna; saludar a los interventores. En una ocasión llevó este *guilty pleasure* tan lejos como para ofrecerse voluntario para el recuento, que establecería el penúltimo lugar de un total de trece para la lista municipal que él apoyaba.

Mi amigo no convertía su voto en todo un acontecimiento, sino que le daba su justo lugar en la panoplia de actividades humanas. A su capricho electoral, por tanto, no tenía yo nada más que objetar que a su manía de organizar barbacoas desde la llegada de los primeros calores de la primavera. Nuestras divergencias de gusto sobre el voto hacen peligrar menos nuestra buena relación política general que su lamentable predilección por el *black metal*.

Por desgracia, me cruzo a menudo con gente, extraña aunque mayoritaria, a quienes el voto les parece más importante que una barbacoa. Y fustigan a quien no suscriba sus tesis.

Un no votante que pase cerca de estos prosélitos hará mejor en evitar la cuestión si no quiere exponerse a un anatema. «Votar es un deber», sermonea el votante prosélito. Hay que votar, hay gente que ha muerto para conseguir el derecho al voto. El voto es a la democracia lo que la rueda a la bicicleta. El voto es un don del cielo. El voto multiplica los panes y los peces. El voto cura la artrosis.

El voto nos lo envidian las millones de personas del resto del mundo que han tenido la mala suerte de no nacer en Occidente. Teniendo en cuenta la cantidad de desheredados que no gozan ni del derecho al voto ni de agua corriente, a los abstencionistas debería caérseles la cara de vergüenza.

El votante prosélito enviaría a votar al idiota del abstencionista de una buena patada en el culo. Aquí, en Europa, se respeta la opinión de todo el mundo, pero la abstención no es una opinión, es una chiquillada. Habría que establecer inmediatamente una norma para evitar que el abstencionista se hundiera en la delincuencia. ¿Por qué no hacer que el voto sea obligatorio? Como en Bélgica. Con una multa de cuarenta euros para quien no vote, y de doscientos para los reincidentes.

Ya veríamos qué rápido se despegaban los pobres de la PlayStation para ir a las urnas, como todo el mundo. Como los ricos. Los pobres están tan patéticamente obsesionados con el dinero que lo más fácil es pillarlos por la cartera, que sí, que la tendrán vacía, pero es que son muy tacaños.

Lo cierto es que se nos ha pasado la edad de rebatir al votante conminatorio. Ya necesitamos gafas de cerca y el médico nos recomienda hacernos colonoscopias periódicamente.

Así que nos abstendremos de hacer ver que una causa no se justifica por el hecho de que haya muerto gente por ella. No tendremos la indecencia de mencionar a los yihadistas que se suicidan en nombre de la *sharia*, a los esbirros de Pablo Escobar dispuestos a sacrificarse por su adorado cabecilla o a los soldados nazis muertos para limpiar Europa de la escoria judía, entre otros ejemplos que caerían dentro de la órbita de la ley de

Godwin. En este debate *non nato* no se mencionará que miles de estúpidos fallecen cada año por causas estúpidas ni que, suponiendo que haya muerto gente en pro del derecho al voto, como repiten los loros sin dar ni un solo ejemplo que lo demuestre, dicha circunstancia constituya una validación del sistema electoral.

También callaremos aquello en lo que coincidimos con los votantes imprecadores: sí, es urgente que los habitantes de los países donde gobiernan dictaduras logren que se celebren elecciones no amañadas; así podrán dejar de malgastar su energía política reclamándolas.

Lo que ya me toca un poco más la moral es ese enunciado tan extendido mundialmente como el iPhone: que el voto es un acto político.

Embriagado por la autocelebración, el votante sermoneador llega a afirmar que votar es el acto político por excelencia, al igual que el *swing* es el gesto paradigmático del golf.

Si un jugador de golf no hace un *swing*, no es un jugador de golf. Si un ciudadano no vota, no es un ciudadano. Es la condición *sine qua non* para integrarse en el círculo cívico. Para entrar en él, hay que votar. De lo contrario, dejaremos de escucharte. No nos vengas a criticar una medida política que se ha aprobado con tu abstención. Quien no vota, consiente.

Al abstencionista se le pide cívicamente que se calle. Para un demócrata, y el votante es un demócrata consumado, todo es discutible, salvo lo indiscutible. La dignidad del acto de votar y la indignidad de no hacerlo no se discuten.

No hay democracia para los enemigos de la democracia.

Tolerancia cero para los ingratos que escupen en la sopa.

La idea según la cual votar en unas elecciones es un acto político presupone que votar es un acto.

Examinemos en qué consiste dicho acto.

Es domingo. Al igual que la comida en casa del tío Gilles, las elecciones son el domingo. Léo ha propuesto a su mujer, Saloua, que voten por la mañana porque no quiere perderse nada de la final de Roland Garros. Lo normal sería que acabase a las 6 de la tarde, lo que les daría tiempo para cumplir su deber antes del cierre del colegio electoral, pero con el tenis nunca se sabe. No hay que olvidar las seis horas de aquel partido Djokovic-Nadal, tan histórico como aquel debate Nixon-Kennedy.

Léo se ha puesto unos vaqueros negros y una camiseta de manga larga. Ha ayudado a Saloua a buscar las gafas de sol. Ha propuesto de nuevo a Mathis, su hijo, que los acompañe y ha encajado la última negativa. Dice que tienen apenas media hora y, en verdad, no necesitarán más tiempo para bajar tres pisos; pasar por el cuarto de la basura; encontrar agradable el nuevo éxito de Céline Dion que se filtra desde el chiscón de la conserje; cubrir los cuatrocientos metros que los separan del colegio Simone Veil; separarse para votar; volver a encontrarse delante de la sala de juegos; pararse a hablar con el padre de un alumno con el que coinciden delante del portal y sacar todo tipo de temas, salvo el del voto, que es secreto; tomar nota de la fecha de la fiesta del colegio, que cae el día de la segunda vuelta de estas legislativas; pasarse por la panadería a comprar una hogaza rústica (de hecho, la necesidad de comprar pan ha sido determinante a la hora de elegir votar antes del desayuno) y, oye, ¿compramos también un pastel de ruibarbo?

Treinta minutos. Veintiséis, exactamente.

Es decir, seis veces menos de lo que se tardaría en ir de République a Nation a paso de manifestación. Diez veces menos de lo que haría falta para montar un puesto informativo sobre maltrato animal en un concierto de *punk rock*. Cincuenta veces menos de lo que llevaría encontrar un alojamiento de emergencia para una familia de eritreos aturdidos, recogidos junto a las vías del tren cerca de Ventimiglia. Cien veces menos de lo que se emplearía en encontrar los artículos del Código Laboral que fundamentarían la defensa de un asalariado despedido por una infracción supuestamente grave. Doscientas veces menos que en conseguir una negociación con la patronal en el marco de un conflicto laboral en el centro de atención telefónica de Gueugnon. Diez mil veces menos que en hacer viable una aldea ecológica. Infinitamente menos de lo que haría falta para prohibir la comercialización de datos digitales.

Ir a votar ofrece una relación proporcional de tiempo-gratificación incomparable. Se puede cumplir un deber sagrado en menos de una hora. No es caro, como afirmó Sarkozy al apoyar la derogación del matrimonio homosexual para ganarse al bando católico. No es una boca que alimentar, como diría mi abuela, que toda su vida votó igual de escrupulosamente que servía la cena a su marido.

En cuanto al momento de la votación en sí, su fugacidad puede compararse con la de un casamiento en Las Vegas o la depilación exprés. Consiste nada más que en meter una papeleta en un sobre que, a su vez, se introduce en una urna.

La papeleta se marca con un nombre o una lista de nombres. Y es por este o estos nombres por los que se distingue el votante, no tanto por el gesto mismo. Que introduzca el sobre con la mano derecha, el pie izquierdo o después de ejecutar una voltereta doble no tendrá ningún efecto en el recuento final. El acto no tiene valor en sí mismo, sino por lo que significa. El acto no es un acto. Si analizamos conceptualmente a la ciudadanía que vota, el ciudadano no actúa: se expresa. Cuando llega la noche, los discursos decepcionados o triunfantes de los candidatos comenzarán diciendo: los ciudadanos se han expresado en las urnas. Variante: los ciudadanos se han pronunciado en las urnas.

Una papeleta equivale a un voto. Decimos: X ha obtenido tantos votos. El voto es una metonimia del ciudadano. De hecho, es un sinónimo. El ciudadano está contenido por entero en su voto. Se acepta que la ciudadanía resida no en la acción, sino en la expresión.

La gente se habitúa a contentarse con esta versión «rebajada», que le procura una satisfacción beatífica, e incorpora poco a poco el discurso de los guardianes del templo, cuya maraña central es la confusión organizada entre la libertad de expresión y la democracia. En este país podemos expresarnos, luego estamos en democracia. Cualquier persona puede incluso expresar que no estamos en democracia, lo que demuestra que sí lo estamos. Aquí, la policía no puede siquiera hostigar a la extrema izquierda o, si lo hace, es por error, lo sentimos mucho. Perdón por lo de Tarnac[3].

[3] El 11 de noviembre de 2008, la policía francesa realizó una espectacular operación para registrar una granja en la pequeña localidad de Tarnac, donde vivían Julian Coupat y otras personas vinculadas a los colectivos post-situacionistas Tiqqun /

No volverá a pasar. Y si pasa, pues se volverá a pedir perdón. Nuestra democracia tiene fallos, como los lanzamientos incontrolados de bolas de goma por parte de los antidisturbios.

No decimos que este sistema sea perfecto, sino que es el menos malo. Y eso ya es mucho. Es inmenso.

¿Acaso en China o en Irán permite el poder que se lo critique? Aquí no podemos hacer nada, pero podemos decir lo que queramos. Por ejemplo, podemos decir que no podemos hacer nada.

La libertad de expresión es la marca Francia, junto con las terrazas donde te puedes tomar unas cervezas y Jean-Paul Belmondo. Está claro que quienes amenazan a Francia no son franceses y, si son franceses, no son de los de verdad…, entiéndase lo que quiero decir.

Cada francés es Charlie[4]. Quien no sea Charlie no es francés.

En medio de una muchedumbre cosmopolita, es fácil distinguir a un francés, porque será quien esté

Comité invisible. Fueron arrestados nueve residentes, supuestamente en relación con un sabotaje de la red ferroviaria. Liberaron a cuatro de ellos a los pocos días, a otros cuatro a lo largo de los siguientes meses, y Coupat permaneció en prisión hasta el 28 de mayo de 2009, acusado de «dirección de grupo con intención terrorista», «asociación de malhechores en relación con un atentado terrorista» y «asociación ilícita en relación con un atentado terrorista». El 10 de enero de 2017, la Corte de Casación rechazó definitivamente la calificación de terrorismo, y en marzo de 2018 el Tribunal Correccional de París desestimó definitivamente todos los cargos.

[4] Véase nota 1, p. 8.

citando a Voltaire, nuestro guía supremo. Ojo, supremo, pero no dogmático. El único dogma que tiene Voltaire es el antidogma. Aunque un volteriano no esté de acuerdo con tu opinión, luchará toda su vida para que puedas expresarla.

El buen francés no está de acuerdo con la supresión del impuesto a las grandes fortunas (ISF), pero luchará toda su vida para que sea posible suprimirlo. Está a favor del impuesto sobre las transacciones financieras, pero lucha día y noche para que los grupos de presión de las multinacionales impidan que se aplique. Invierte en ello toda su energía democrática. Es de izquierdas, pero, ante todo, tolerante. No se encuentra en una situación de vulnerabilidad social, por lo que puede ser más tolerante que de izquierdas.

Se rinde tanto culto a la libertad de expresión que hasta en ciertas manifestaciones callejeras las pancartas reivindican el derecho a manifestarse, a la vez que los adversarios de estos manifestantes, también franceses, se encuentran en otro lugar luchando por que los manifestantes se puedan manifestar.

Si los manifestantes no se limitan a expresarse, si comienzan a bloquear el acceso a un centro comercial o a sabotear la construcción de un centro de datos de Amazon, los guardianes de la democracia, que valoran el derecho de propiedad al mismo nivel que la libertad de expresión, enviarán a los antidisturbios. El demócrata volteriano luchará toda su vida para que podamos expresarnos en contra de Amazon, pero dentro de los límites del respeto a Amazon.

Una democracia madura se impone límites. El límite es la línea amarilla que separa las palabras de los actos, que el ciudadano tendrá la amabilidad de no cruzar.

A fuerza de propaganda, se ha olvidado que la democracia no consiste en poder expresarse acerca de una situación, sino en poder actuar sobre ella.

Si la atribución de la etiqueta de democracia a un país incluyera entre sus criterios no ya solamente la libertad de expresión, sino también la capacidad efectiva de sus habitantes para influir en la distribución de la riqueza, en las prácticas de la ganadería industrial, en la autorización para comercializar medicamentos, en la compra de suelo litoral por parte de promotores inmobiliarios, en la gestión de las autovías, en el precio del alquiler de la vivienda... o bien la capacidad efectiva de influir en la propia vida, en el suelo anegado de pesticidas a cien metros del colegio donde estudian tus hijos, en el programa de enseñanza del susodicho colegio, en la «restructuración» de la empresa donde trabajas, en la oferta alimentaria de la gran superficie establecida en tu barrio, en la factura del gas... si incluyera entre sus criterios todas esas cosas, Francia no obtendría dicha etiqueta. Ningún país la obtendría.

El votante prosélito argumentaría entonces recordándonos que los electores dan su voto a un candidato que se presenta provisto de un programa donde se enumeran las medidas concretas que adoptará en caso de vencer. Así lo ha reconocido una candidata tan de fiar como Valérie Pécresse[5] al afirmar que ella será la Dama del Hacer, rindiendo un elegante homenaje a Margaret Thatcher, su modelo. La expresión del parecer del votante ha de estar seguida de actos. Se entiende que el voto guía a distancia la gestión del elegido, y que el votante se afligiría mucho si constatase que el elegido no aplica el programa por el que le votó.

Algo que suele ocurrir: el votante se aflige mucho. Lo han traicionado. Le han mentido. No volverá a tropezar con la misma piedra. La siguiente vez, volverá a votar, pero ya no tendrá confianza. Se expresará, pero con la boca pequeña.

Un voto hecho con la boca pequeña seguirá contando como un voto.

Un voto sin confianza no cuenta menos que uno con confianza.

[5] Política francesa que en 2021 fue la primera mujer que se presentó como candidata a la elección presidencial por parte del partido liberal-conservador Les Républicains.

El candidato no pide que se le crea, pide que se le elija. Por lo demás, se puede pensar lo que se quiera. Esto se llama libertad de pensamiento, otro rasgo característico que las democracias occidentales celebran de aquí a la Patagonia.

El votante que pierde no se aflige. Sabía de entrada que su voz no sería oída, que se ha expresado para nada.

Se da por descontado que el vencedor no va a tener en cuenta los votos de quienes no lo han elegido, es decir, al menos la mitad de ellos, y en ocasiones, muchos más. En las últimas elecciones presidenciales, el 75 % de los votantes no eligió a Macron como presidente, quien, sin embargo, asumió el puesto y lo ocupa con un entusiasmo en el que no ha hecho mella en absoluto la aversión que le profesa la gran mayoría de los administrados.

Desde hace casi cinco años, todas estas personas están reducidas a ver pasar trenes cuyo color, sonido y velocidad no les gusta. Es la regla. Los ciudadanos bien educados la aceptan. Y siempre se someten a ella, esperando que los trenes acaben pintándose a su gusto.

Tal día llegará. Nevará en agosto. Ganará el candidato de su elección, que le habrá prometido trenes rosas como aquellos con los que sueña. Entonces, al cabo de tres semanas, el candidato renunciará al rosa: demasiado costoso, la deuda pública, el agujero de la

Seguridad Social, el BCE, la competencia china, los trenes amarillos... El votante impotente que siempre perdía se habrá convertido en el votante victorioso, pero de nuevo afligido.

Tanto si es sistemáticamente derrotado como si siempre lo decepcionan, y vive estéril o engañado, la abnegación del votante raya con el masoquismo sisífeo. Hay que creer que le gustan la decepción y la derrota. Que lo tomen por el pito del sereno. Que no se valora a sí mismo. Que su ardor al votar es inversamente proporcional a la baja autoestima que se profesa.

O bien que este bicho raro guarda una esperanza real. Está seguro: la próxima vez será la buena. La próxima vez el candidato que gane pondrá en práctica lo anunciado. La próxima vez Godot será elegido presidente.

Si consideramos loco a quien lanza por enésima vez un plato por la ventana creyendo que el propio golpe contra el suelo de rebote lo echará a volar, podremos entonces decir que el comportamiento del votante, la más lograda encarnación del hombre razonable, raya en la locura.

La distancia abismal entre las palabras del votante y los actos del elegido se debe en primer lugar al laconismo de las primeras.

El votante «se pronuncia», sí, pero ¿sobre qué? La papeleta no lo dice. La papeleta es una cosa de lo más discreta. El votante tiene sus secretos. Su opinión sobre los asuntos ciudadanos solo le concierne a él.

Se ha promovido a veces el referéndum afirmando que el mensaje que se envía es más claro. Pero el mensaje es igual de raquítico y opaco. En 2005, las dos letras del «no» al tratado por el que se establecía una Constitución para Europa podían muy bien ser tanto una llamada a proteger nuestro sistema social contra la UE liberal como un intento de rechazar a los polígamos emigrantes subsaharianos. La noche de los resultados vimos congratularse bajo la bandera del «no» tanto a nacionalistas como a comunistas, lo que no pone de manifiesto que exista una paridad en los extremos de la que pueda regocijarse el centro extremo; esta convergencia de imaginarios políticos radicalmente antagonistas solo demuestra lo nebulosa que es la expresión referendaria.

En las elecciones propiamente dichas, la expresión duplica el volumen. La papeleta puede contener diez letras, puede que quince, e incluso veinte, en el caso frecuente de que el apellido del candidato sea compuesto y de rancio abolengo. Pero este patronímico no dice nada, como tampoco lo dice el sufragio a él dirigido. Hay cincuenta razones para adherirse al candidato a las municipales de tal o tal otra localidad:

su carisma, su promesa de recuperar la gestión del agua, su compromiso por duplicar la subvención del club de bádminton que dirige, sus orígenes picardos, su pareja que imparte Matemáticas Aplicadas, su proyecto de peatonalizar el barrio comercial, su voluntad de rebautizar el colegio... La papeleta puede querer decir todo eso, pero no dice nada. Este silencio deja al elegido un margen de interpretación infinito en cuanto a lo que se espera de él, un margen para hacer oídos sordos a los votos emitidos en su favor.

En 2002, miríadas de ingenuos desearon que durante su mandato Chirac tuviera en cuenta a quienes lo habían elegido en la segunda vuelta únicamente para cortarle el paso a Le Pen[6]. Pero no había nada que lo obligase a ello. El líder de la derecha era constitucionalmente libre de interpretar a su antojo y a su favor las papeletas. No había nada que distinguiera un voto emitido en aprobación del programa liberal autoritario de Chirac del que se limitaba a apelar al Chirac antirracista. Al recién elegido le era lícito decidir que el 100 % del 80 % de los votos obtenidos había querido no una mejor acogida de los trabajadores extranjeros, sino la subida de la edad de

[6] El autor se refiere a Jean-Marie Le Pen, fundador del partido ultraderechista Front National, que en 2002 llegó a competir con Chirac en la segunda vuelta de las elecciones presidenciales.

jubilación que la Asamblea Nacional se apresuraría a legitimar.

Era libre de creer que el 82 % de los votantes le habían declarado su amor; que habían consagrado a su partido, la UMP; que validaban sus nuevas gafas. Basándose en los votos, nadie habría podido certificarle que se equivocaba. Viendo el viraje a la derecha de su mandato, los ingenuos fueron aún más ingenuos al sentirse engañados. ¿Cómo podía el presidente traicionar una expectativa que no había sido expresada?

Desde este punto de vista, se podrían haber declarado nulas todas las papeletas, tanto las inmaculadas como las mancilladas por algún desaprensivo con un «Amy Taylor, presidente», como hizo un amigo en las europeas de 2021. Una papeleta no dice nada. Las elecciones reducen a la ciudadanía a expresarse, y esta expresión no expresa nada.

El abismo que media entre las palabras de los electores y los actos de los elegidos se debe, sobre todo, al propio sistema electoral. Al principio en que se basa. A su constitución, me atrevo a decir.

Este abismo no es un fracaso del sistema electoral, sino que es el propio sistema el que lo produce: es su consecuencia lógica.

Las elecciones distinguen *ipso facto* entre electores y elegidos, y así instauran una división estricta del trabajo democrático: el elector se expresa, el elegido gobierna. El elector se expresa a favor del elegido, que gobierna en su nombre. El elector da un mandato, el elegido ejerce el mandato. El elector elige un representante, el elegido lo representa.

Es lo que se llama «representación».

La representación es una escisión en el seno del Estado. Crea una diferenciación entre los ciudadanos comunes y aquellos a los que las elecciones han distinguido.

El postulado igualitario de las elecciones se mantiene vagamente en el momento de la votación y deja de existir durante el mandato al que la votación da lugar. A partir de los resultados, habrá ciudadanos que actúen y otros que los miren actuar. Habrá ciudadanos activos y ciudadanos pasivos a quienes no les quedará sino rumiar el oxímoron que son.

Abajo, a la izquierda, los que hablan; arriba, a la derecha, los que actúan. Quienes actúan pueden hablar, pero quienes hablan no pueden actuar.

Además, los que hablan son inaudibles. Su mensaje es lapidario, como una pedrada (sí/no/candidato X), o inexistente. Las urnas han hablado, los ciudadanos comunes ya no tienen voz. Puesto que «han dado su voz» a tal candidato, la han perdido y, por lógica, se han quedado afónicos.

Su palabra no llegará a oídos de los ciudadanos activos más que a través de las preguntas de un sondeo o mediante los protocolos rígidos de una muy excepcional «consulta a los ciudadanos». El elegido no tendrá ninguna obligación de prestar oídos para decidir sobre tal o cual orientación económica, diplomática, cultural, etc.

Ninguna voz de ningún elector, ni siquiera pro-Macron, pidió la privatización de los aeropuertos de París o la venta de cazas Rafale a Arabia Saudita... por no mencionar la gestión de la pandemia, que en las elecciones no se pudo prever, dado que en las elecciones no se prevé nada y no se augura nada de los asuntos sobre los que habrá que gobernar, puesto que nada de lo que se declara en ellas compromete a nada.

Ninguna palabra de nadie que votase a François Hollande[7] pidió las leyes laborales, el estado de emergencia, la intervención en Malí, el CICE[8].

Ninguna palabra de nadie que votase a De Gaulle pidió los ensayos nucleares en el sur de Argelia.

La mayoría de las veces no hemos pedido nada.

[7] Dirigente del Partido Socialista francés que fue el vigesimocuarto presidente de la República Francesa entre 2012 y 2017.

[8] Crédito fiscal supuestamente creado, según el Ministerio de Economía francés, con «el objetivo de dar a las empresas margen de maniobra para invertir, explorar nuevos mercados, promover la investigación y la innovación, contratar, restablecer su facturación o apoyar la transición ecológica y energética gracias a una reducción de costes laborales». Su falta de resultados constatables, tras un gasto de 20.000 millones de euros, se convirtió para muchos en un escándalo de Estado.

Solo cuando el mandato es imperativo han de ajustarse los actos de los representantes a las palabras de los representados. Si te han designado para suprimir la herencia, o la suprimes o te vas. En ese caso, eres revocable en cualquier momento. Eres el servidor de la gente común, no un disidente que pretende guiarlos. No tienes visión, y tanto mejor. No estás «hecho para el traje», y esa es la razón por la que te piden que te lo pongas. Nunca has querido el poder y es por eso por lo que te lo han dado. Te lo han prestado.

El mandato imperativo, que fusiona palabras y actos, se contradice con el principio del sistema electoral, que los disocia, pues ha sido concebido para disociarlos. Por eso, casi nunca se ha visto que a los representantes electos se les dé un mandato imperativo.

El mecanismo electoral rechaza el mandato imperativo igual que el organismo de un enfermo rechaza un tratamiento. Solo se puede implementar mediante la autoridad, a sabiendas de que semejante golpe de fuerza provocará la muerte del organismo, es decir, del mecanismo. Algo previsible.

En el mecanismo electoral, los actos solo podrían ajustarse a las palabras si, alejándose de la pasividad que se instala tras la emisión del voto, los ciudadanos comunes se turnasen para garantizar una vigilancia inflexible de las instancias gobernantes. Si dichos ciudadanos controlasen de modo permanente los actos de ediles, diputados, consejeros municipales y regionales, que supuestamente los representan y que, de hecho, lo hacen, entonces estarían presentes en su lugar, los reemplazarían. ¿Qué le quedaría, pues, a la representación?

Entre 1789 y 1794, el pueblo llano de París desempeñó este papel. Lo que define una situación revolucionaria, una situación verdaderamente política, es, quizá, que autoriza, suscita y mantiene en pie tal vigilancia.

El resto del tiempo, la mayoría del tiempo, prácticamente todo el tiempo, esta vigilancia no tiene lugar. En nuestras autoproclamadas democracias, la democracia solo sucede de manera excepcional, por distorsión, por vicio del procedimiento. En su curso ordinario, los representantes ejercen el poder fuera del control de los representados. E incluso fuera de su vista. No hay nada que temer, nadie está mirando, ni mi madre, ni mi vecino, ni tú ni yo, que ahora mismo preconizamos la vigilancia.

La democracia no está en las elecciones, sino entre las elecciones. Sin embargo, nuestras democracias usurpan su nombre proponiendo la situación inversa: elecciones y nada entre ellas.

El elector es como el vecino que «cede su voz» a otro para una reunión de copropietarios. Otorgándola, se despoja de ella. Al resto de propietarios les molesta bastante: van a verse obligados a deliberar sin él, pero bueno, ya que no se puede hacer nada, vamos allá, se abre la sesión.

Votar es abdicar, decía Élisée Reclus hace ciento treinta años a contrapelo de la unánime autosatisfacción republicana. Pero Élisée Reclus no es creíble: es un anarquista. Su sesgo ideológico lo extravía. Ayer por la noche, en la cadena France 5, el comentarista que animaba a votar lo hacía con total objetividad porque, al no ser anarquista, sus afirmaciones no tienen sesgo alguno.

Allí donde la democracia esté restringida a un sistema electoral, quedará anulada por este; el pueblo será un cuerpo político que se formará solo a fin de votar, para, a continuación, disolverse.

El ciudadano de la democracia electoral es un Drácula al revés: un día al año se despierta por la mañana y se aniquila a sí mismo a la caída de la noche. Pasadas las ocho de la tarde, se retira a sus aposentos tras haber hecho su parte, tras haber desempeñado su papel menor en el seno de la división del trabajo, al igual que el jardinero de un estadio se volatiliza antes del partido. El partido se jugará sin él y sin que se le informe de sus vicisitudes. Él se ha encargado del mantenimiento del césped, y ahora los jugadores van a pisotearlo, triturarlo y espachurrarlo con los tacos de las zapatillas, en fin, a machacarlo a conciencia.

Por lo demás, el jardinero acepta de buen grado que el partido no es cosa suya. Lo suyo es el césped. A cada uno su ámbito, sus competencias, su ámbito de competencias. Nadie emplearía a un jugador de *rugby* como jardinero. El pequeño empresario dedicado al paisajismo para particulares no confiaría sus cuentas a un coreógrafo. Ni siquiera se las confiaría a sí mismo. Para eso están los contables. Por analogía, este jardinero juzga que la gestión de la ciudad exige competencias que él no tiene. Para él, las elecciones constituyen la ocasión de declararse incompetente. Al votar, confía la ciudad a los profesionales de la ciudad. Estos profesionales no hacen otra cosa, se han formado para ello, los remunera por ello una empresa privada que denominamos Estado, en la que al ministro de Hacienda lo asisten inspectores de Hacienda formados para ello, a los que llamamos técnicos. El jardinero no sentirá que tiene autoridad para poner en tela de juicio sus orientaciones fiscales, del mismo modo que no se tomaría demasiado bien que un fontanero se pusiera a aconsejarle sobre herbicidas.

El votante tampoco se mete a regular el dispositivo electoral. Los redactores de la Constitución lo han hecho ya por él, que no sabe de estas cosas. El «poder constituyente» está compuesto por un puñado de individuos versados en Derecho Constitucional, materia que han estudiado en la facultad. Como yo hice una carrera de letras, no me encuentro entre ellos. Hay mucha gente como yo. En 1958, una gran mayoría de ciudadanos no eran Michel Debré[9].

En 1958 el poder constituyente se componía de Michel Debré.

El dispositivo electoral se entregó enseguida al pueblo, que proclamó su soberanía.

El votante, pues, no ha escrito las reglas del juego del sistema electoral. Tampoco elige a los jugadores, lo que hace es elegir entre los jugadores que se le ofrecen cual hortalizas en un puesto. Zanahoria o pepino, duda.

En todas las etapas del proceso electoral lo único que tiene que hacer es poner una marca en las casillas que han creado otros.

El votante es un músico que se ha visto reducido a escuchar música, sin poder tocarla. Un escritor autorizado a leer, pero a quien se le impide escribir. Un operario que ha de adaptarse al ritmo de la herramienta mecánica regulada por un ingeniero lejano.

Después de las elecciones, el ciudadano intermitente se devuelve al garaje, como las sillas de terraza

[9] Político francés, al servicio del general Charles de Gaulle, encargado en 1958 de supervisar la redacción del borrador de la Constitución de la Quinta República Francesa.

de un verano a otro. Se lo sacará de nuevo para las siguientes elecciones regionales. Hasta entonces, no ha de preocuparse de nada ni informarse de nada. Hay otros que se ocupan de todo.

En un rincón rural y aislado, en una época indeterminada, A y B son vecinos. Ciertos días, A quema sus desechos en su parcela. Cuando el viento sopla del oeste, el humo tóxico llega a la parcela de B, donde juega su hijo o ladra su pitbull. Al cabo de un tiempo, B, normalmente poco comunicativo, se decide a ir a ver a A para hacerle saber de las molestias que sufre. Tras debatirlo, deciden que A no volverá a quemar nada los días en que haya viento del oeste.

Sin embargo, en un momento dado, a la izquierda de A, se instala C, que aparece de no se sabe dónde solo a los efectos de poder contar esta fábula.

Como los humos que le trae el viento del este lo ciegan con regularidad, se siente justificado para ir a quejarse a A, que es quien los produce. Esta vez A recibe la queja secamente: si no puede hacer fuego ni con viento del este ni con viento del oeste, ¿cuándo podrá hacerlo? ¿Los días en que no haya viento? En el valle donde viven son poco comunes. A no va a esperar de brazos cruzados a que la región cambie de humor climático. Con un tono firme destinado a apoyar la rotundidad de su postura, A decreta que es C quien debe adaptarse por haber sido el último en llegar.

—¿Y por qué tiene que ser el último el que se adapte y no el primero? —se pregunta C.

—¡Porque sí! —argumenta A.

—¿Quién lo ha decidido? —se indigna C.

—¡Yo! —zanja A.

—¿Y tengo yo que sufrir lo que no he decidido? —objeta C.

—Pues sí —resuelve A.

Se desata entre ellos una guerra larvada, hecha de maledicencias mutuas, insultos por encima del seto que limita sus propiedades, cerraduras de buzón rayadas, comederos de perro envenenados, patas traseras de cordero atadas… Y todo el mundo sabe quién ha cubierto con cola de carpintero el asiento del tractor de A o quién ha arrancado las lechugas de C. Una noche en que C, borracho, saca el fusil para intimidar a su obtuso vecino, una bala perdida perfora el tanque de combustible de B.

Este conflicto interminable empieza a hartar a B. En esta ocasión se preocupa de verdad. La próxima bala perdida podría ser para su hijo. O, en el mejor de los casos, para su pitbull, que se llama Brad, como Brad Pitt.

B reúne a los dos enemigos en su casa y los invita a un calvados. Se ha puesto a reflexionar, ya que aquellos dos cabezas de chorlito que Dios le ha dado por vecinos se han negado a hacerlo. Acaba de heredar un terreno incultivable a seiscientos metros de allí y les propone que los tres acumulen en ese lugar sus residuos. Se ofrece a ocuparse él mismo del transporte con su remolque. A cambio, los otros dos le ayudarán a reparar el tejado de su granero, donde cayó un rayo el invierno pasado.

Para quemar los residuos, C propone el último sábado del mes, porque es el día en que baja a Saint-Michel a vender sus quesos. Así no sufrirá ninguna molestia ni de cerca ni de lejos.

Asunto concluido. Los tres rellenan la copa.

A, B y C se despiden, borrachos y contentos.

Sin saberlo, o sabiéndolo, han hecho política.

La política sobreviene cuando la interdependencia entre los individuos se hace incompatible, la incompatibilidad se convierte en enfrentamiento y el enfrentamiento acaba desembocando en una reconfiguración del cuerpo social, que se verá afectada, a su vez, por nuevas disensiones que harán tambalear el orden, y así sucesivamente. La política sobreviene en situaciones que implican a varios sujetos sociales y de las que nace un problema que lleva a negociaciones más o menos tensas para solucionarlo, creando una nueva situación que, con el tiempo, dará lugar a otro problema que requiera una negociación, y así sucesivamente.

Sometamos el voto a este esbozo de definición con tres patas: palabra, pluralidad y situación, y veamos cómo el voto no cumple ninguna.

1. Igual que el cine en sus orígenes, el voto es mudo. El voto es únicamente expresión y no produce sonido alguno. La política verbaliza un desacuerdo, mientras que el voto suspende la verbalización. El sujeto político argumenta su posición ante aquellos a quienes afecta; el votante no tiene que justificarse de nada. Podría hacerlo, pero el mecanismo electoral no se lo exige, incluso recomienda no hacerlo. Siempre leal a un juego que no ha inventado, el votante se afana por guardar el secreto. Si una prima le pregunta qué ha votado, le dice que se ocupe de sus asuntos, que si acaso él se mete en su vida privada.

2. El voto es un acto solitario. Al votante se le invita a aislarse en un espacio reducido. La política nace de la coexistencia, mientras que el voto tiene como requisito el aislamiento.

En la confluencia de los puntos 1 y 2, vemos que la votación, por la que supuestamente nos pronunciamos sobre el destino colectivo, es un asunto que ocurre entre uno mismo y uno mismo. El votante vota según su convicción íntima, teniendo como brújula su fuero interno. Lo que suceda en su interior no saldrá de él.

El votante hace sus cálculos y estimaciones con medidas que solo él sabe descifrar. Como no le gustan los pesticidas ni los líderes religiosos islámicos, votará a Jadot[10] en la primera vuelta y a Marine[11] en la segunda. Siendo de signo Leo, apoyará la lista de Caza, Pesca, Naturaleza y Tradiciones. Aunque suene críptico, se entiende que es lo esencial.

El voto que se basa únicamente en la conciencia se convierte a veces en una cuestión de conciencia, sobre todo para los votantes de izquierdas, que se torturan con asuntos morales desde la cuna. ¿Votar a la derecha para contrarrestar a la extrema derecha? Oh, cruel dilema. Oh, funesta alternativa. Oh, vieja enemiga.

El día de las elecciones es el día de la conciencia, igual que hay días de ira o días de duelo. En ese día,

[10] Se trata de Yannick Jadot, político francés, miembro destacado de Greenpeace y candidato a las elecciones presidenciales por el partido Europe Écologie-Les Verts.

[11] Se refiere a Marine Le Pen (hija de Jean-Marie Le Pen, fundador del partido ultraderechista Front National), que es la actual candidata a la presidencia por el partido Rassemblement National, formación de extrema derecha surgida del antiguo partido de su padre.

se orquesta un ritual de purgación que limpia los intestinos obstruidos por la mala conciencia. De esta limpieza primaveral, la conciencia del votante sale fresca y purificada. Como los fascistas podían llegar al poder, el votante ha hecho lo que había que hacer para unirse al «No pasarán». Pasarán por todas partes, pero no ganarán en las municipales. Impregnarán la sociedad, los platós, los discursos y las leyes, pero, al menos, en las elecciones se guardarán las apariencias.

Beneficio secundario: al haber votado en conciencia, los votantes se sentirán más justificados que nunca para reprender a los inconscientes de los abstencionistas, y vuelta la burra al trigo: a tacharnos de irresponsables, de inmaduros, de aliados objetivos de Hitler. La misma canción cada cuatro años, lo mismo que cada Navidad el éxito que toque de Mariah Carey.

Dejémosles hablar.

3. El ritual del voto se ejecuta en lugares fuera de toda situación. Se celebra en un lugar real, pero despojado de realidad para la ocasión: un comedor que ese domingo no servirá a ningún colegial; un polideportivo donde ningún jugador de baloncesto sudará ese día.

El juego no impone al votante ligar su voto a un elemento de la realidad. El votante puede introducir la papeleta en la urna pensando en su pareja embarazada o en un sueño que ha tenido esa noche en el que Aznavour[12] resucitaba. Y, si un estanquero tenía en la mente los dos robos que ha sufrido ese año en el momento de votar por un candidato que promete aumentar las penas, nadie lo sabrá cuando llegue el escrutinio.

Lo que sucede en la cabina de votación se queda en la cabina de votación, en ese «no lugar».

El voto en las elecciones se distingue radicalmente del voto en situación. Como el de una asociación de acogida de mujeres maltratadas que, enfrentada a un nuevo alcalde investigado por acoso, vota en contra de aceptar una subvención municipal. O el de unos huelguistas que deciden la ocupación de una fábrica, que votan estando reunidos, no aislados; que lo hacen levantando la mano y al término de un debate celebrado en el lugar real cuyos modos de gestión son precisamente el objeto de la huelga.

Al contrario del voto en las elecciones, el voto en situación va seguido de efectos inmediatos para los votantes: agujero en el presupuesto que debe subsanarse en el caso de la asociación; organización de la primera noche de ocupación para los huelguistas: provisión de comida, llamada a la hija mayor para

[12] Charles Aznavour fue un cantante, compositor, actor, director, diplomático y poeta francés de origen armenio, universalmente conocido como «El embajador de la *chanson*».

que vaya a hacer la compra, pasarse por casa de Luc para pedirle prestado un saco de dormir y una baraja de tarot.

Los votantes en situación deciden sobre actos que no delegan en nadie. Votan, pero también ejecutan. Se arrogan poder, en lugar de despojarse de él. Si es absolutamente necesaria la presencia de un portavoz ante los compradores holandeses de la empresa, se escribirá colectivamente su intervención, que el portavoz recitará palabra por palabra.

El sujeto político actúa rompiendo la distancia instituida por la representación. Se presenta. Se sitúa allí. Dice: «Estamos aquí».

El votante actúa abstrayéndose; el sujeto político, materializándose. El primero se aísla; el segundo se vincula.

Es cierto que el votante puede añadir a su voto palabras que lo argumenten. Lo hace antes de las elecciones y después. Mucho tiempo antes y mucho tiempo después. Dos años antes ya habló y diez años después sigue hablando. Diez años después no se ha recuperado de haber votado a Hollande, menudo traidor. Dos años antes se veía ya votando a Xavier Bertrand[13].

[13] Político francés que dice situarse a la derecha de Emmanuel Macron, defendiendo políticas económicas liberales y oponiéndose, por ejemplo, al matrimonio de personas del mismo sexo.

Sin embargo, ya sean especulativas o repetitivas, las palabras electorales no están presentes. Las palabras de la Asamblea General de Trabajadores en Lucha se insertan en la realidad de su trabajo; las del votante, en el vacío. El debate electoral, tanto si tiene lugar en un restaurante tailandés como en la mesa dominical del tío Gilles, el vestuario del club de tenis de Gueugnon o la habitación de la residencia de una abuela con alzhéimer decidida a votar a Pompidou, no trata ni sobre la pizza vegetariana, ni sobre el nuevo Nespresso del tío Gilles, ni sobre el precio de la residencia. Las palabras que se pronuncian no se sabe bien sobre qué tratan. Están descontextualizadas.

Por lo tanto, pueden permitirse eslóganes y fórmulas. La fórmula nace de una inversión de la relación de fuerzas entre las palabras y las cosas. Las palabras de la fórmula se imponen a las cosas. E incluso las sustituyen. Y entonces ya nada puede detenerlas.

Las palabras electorales se atreven a todo: a construir el país, a construir la sociedad, la ciudad, la familia. A construir la libertad. Y la visión del futuro. Y los valores comunes. Y nuestra historia. Y nuestras raíces. Y los territorios. Y esta enumeración ha durado ya demasiado.

Las palabras electorales no tienen vergüenza de nada. Las reconocemos por esa razón. El candidato que las pronuncia se ha tragado toda la vergüenza antes de empezar la campaña. Al pasar por una granja, acaricia a un ternero. Al visitar un colegio, hace un dictado. Cuando llega a un sitio u otro, estrecha las manos de la gente. Si nadie lo acoge y tiende la mano al vacío, aún encontrará la manera de no sentirse un tonto.

Una campaña electoral es un hecho íntegramente verbal. Los candidatos hablan de lo que comentan los comentaristas que comentan los votantes... O también los abstencionistas, lo que no cambia nada la naturaleza de los comentarios.

Distorsionando ligeramente el mandato de Cristo, nos comentamos los unos a los otros. Es nuestra manera de construir el país, la ciudad, la sociedad, la familia.

El candidato no es ni médico ni abogado ni banquero ni alto funcionario. Si lo es, en campaña deja de serlo. Ni los médicos se salvan. Dejan de serlo. Son candidatos. Candidatos profesionales a convertirse en elegidos profesionales, aunque, a veces, las elecciones parecen el medio y la candidatura el fin.

Si sucede que el candidato abre las puertas de su casa a la revista *Paris Match*, es un espejismo, porque el candidato no vive en ninguna parte. Vive en la campaña electoral, es decir, en una suma de lugares artificiales: palacios de deportes; salones de eventos;

estudios de radio; pabellones de exposiciones donde los *stands* de la feria del Made in France se desmontarán enseguida; apartamentos anónimos desde los que organizar un directo de Facebook; hospitales visitados para justificar las declaraciones a la prensa a la salida, flanqueados por sanitarios cuya certificación de realidad es la bata que llevan puesta.

En esta imagen orquestada por el asesor de imagen del candidato, la bata es un efecto de realidad. En una campaña, lo real es un efecto: un negro remite a la diversidad, un casco a la construcción, una degustación de *rillettes* al arraigo; una boina a lo vasco. La enfermera de oncología, colocada a la derecha del candidato, habrá servido al breve destino audiovisual de hacer el efecto de trabajadora en el ámbito de la salud.

Esa noche se verá en la tele.

Si se busca al candidato, se lo encontrará únicamente en la televisión o en sus ramificaciones de YouTube.

En la televisión es donde el votante sigue la campaña, las polémicas que se convierten en profecías autocumplidas, los discursos en bucle, las glosas circulares. El votante es, en esencia, un espectador —que mira hacer al elegido— y, concretamente, un telespectador.

Solo deja de serlo el tiempo que le lleve acercarse al colegio electoral para votar. Y volverá serlo a las ocho de la tarde para enterarse de los resultados en un programa de televisión titulado «La velada electoral».

La memoria colectiva de las elecciones del 81 se condensa en una sola imagen, la del rostro informatizado de Mitterrand que va llenando una pantalla. La toma de la pantalla deja constancia de la toma del Elíseo. Es una fórmula, pero la conservo en la mente porque trasluce la realidad.

El «reencuentro de un hombre y un pueblo» es el reencuentro de una pantalla y un telespectador. Ocurre en una sala de estar; a veces, un dormitorio. Al otro lado de la pantalla, hay un telespectador en calzoncillos.

Apuntando a la delegación de la cosa pública a un puñado de gobernantes que operan a espaldas de los interesados, el pensador Cornelius Castoriadis hablaba de «la privatización del ágora». El concepto también podría valer para el ágora que configuran las elecciones: lugar público ocupado por participantes que están encerrados en su domicilio y no comparten ninguna situación.

¿Domesticación del ágora?

Cada uno en su casa se comunica con todos.

Cada uno en su casa debate con todos de todo.

Llamémoslo hipersociabilidad solitaria. Sociabilidad asocial.

La sociabilidad asocial me pone en contacto con el mundo entero, sus calamidades y sus infamias, a la vez que me deja desarmado ante ellas. Me proporciona un flujo continuo de fuentes de indignación a la vez que me priva de estar en situaciones en las que dicha indignación pueda convertirse en energía política.

Si estuviera totalmente desconectado, ignoraría a todo del mundo, flotaría en una beatitud inconsecuente. Verdaderamente socializado, saldría de mi encierro crispado al mundo de los reencuentros efectivos, de las acciones que me harían despertar. Socializado en soledad, desconectado pero hiperconectado, tengo que encajar a la vez el mundo y mi impotencia.

Lo encajo exasperado, cabreado.

Y esa rabia la guarda uno para sí o la aplaca viendo vídeos que la avivan o se desahoga en los foros de internet debatiendo airadamente durante noches enteras, contra adversarios que no son de carne y hueso.

Esta mañana, en el metro, un tipo le contaba a otro que había pasado toda la noche debatiendo sobre la primaria popular en un foro y que después no había podido dormir porque lo habían puesto demasiado nervioso.

La sociabilidad asocial es un caldo de cultivo inigualable para el resentimiento.

Es políticamente calamitosa.

Si hubiera que escoger un solo aspecto representativo del joven de extrema derecha llamado M al que describí en un libro anterior, sería el del aislamiento. Es posible que en su vida cotidiana haya mucha gente. De hecho, M estaba muy acompañado la tarde de nuestro encuentro en Lyon. Pero su sistema de opiniones se lo ha forjado solo.

Por «solo» entiendo «fuera de toda situación».

No estoy pasando por alto la determinación social de dichas opiniones, anclada principalmente en la pequeña burguesía de los comerciantes. Es él quien la pasa por alto. Él, cuyo discurso prolijo no se refiere jamás a la realidad social ni a ninguna otra realidad.

Sobre todo, que no le pregunten a M desde dónde habla. Porque no habla desde ninguna parte. Por supuesto, nunca desde su posición en el mercado laboral, a pesar de mis repetidas invitaciones a precisarla. «Ese no es el tema», desechaba él.

El tema no es nunca una situación vivida por él, que afecte a su familia, sus vecinos, su pareja, una pareja amiga, el barrio, una velada de póquer, un lugar recreativo que frecuente o su empleo, si tiene uno. Solo su discurso parece dar forma a su situación. Joven francés de origen árabe, M decide en pocas sílabas situarse como galo resistente, como católico opuesto al mundialismo protestante, como alguien enraizado en un lugar, en lucha contra la nomadización. Y poco le importa que donde él esté enraizado sea realmente el ordenador fabricado en California que se encuentra en su habitación.

El pensamiento de M no se nutre de materia existencial, sino de vídeos de Soral, de *youtubers* pseudonietzscheanos que practican culturismo, de conferencias de salón contra el movimiento *woke*. Pero también de extractos seleccionados de programas convencionales en los que algunos biempensantes expresan su indignación.

Estoy seguro de que en las próximas elecciones M no dará su voto a nadie porque todos son los «candidatos del sistema», pero también estoy seguro de que seguirá la campaña, que repasará los momentos destacados, los duelos Caron-Zemmour[14] en el programa de Hanouna, los lapsus graciosos, los mítines con las puyitas, las mentiras impenitentes, las polémicas que se convierten en profecías autocumplidas. M asistirá al *show* electoral para cultivar, solo ante la pantalla, el placer de detestar.

Este tipo de placer, que, por mi parte, me permito una vez al año cuando veo la entrega de los Premios

[14] Aymeric Caron es un político francés, experiodista de radio y televisión, miembro de la Révolution écologique pour le vivant (REV) dentro de la alianza Nouvelle Union populaire écologique et sociale (NUPES). Y Éric Zemmour es un periodista, escritor, ensayista y político francés de extrema derecha.

César[15], tiene dos ramificaciones: el placer de sentirse inteligente al contemplar la estupidez; y el de ver confirmado, a veinticuatro fotogramas por segundo, el diagnóstico desesperanzado que uno ha hecho de la humanidad.

Pero, aunque M deteste las elecciones por lo que no son, también le gustan positivamente en tanto que consagran la preeminencia de las palabras.

Lo real nunca es el tema, porque el tema son las palabras. Las palabras ya formadas que él hace suyas («patriotismo») o que rechaza («multiculturalismo»). Estas palabras no remiten a hechos, sino a teorías, corrientes, tendencias: neofeminismo, «sinfronterismo», mundialismo, progresismo. A ideas. Este sociable asocial recorta sus ideas en un tejido de ideas, lo que acaba por dar forma en él a un mundo en el que las ideas son las fuerzas actuantes. Es lo que yo llamo su idealismo.

El espectáculo de las elecciones es idealista en este sentido. Las ideas se fabrican fuera de todo espacio. Fuera de todo escrúpulo realista, retozan las

[15] Premios de la Academia del Cine Francés, equivalentes a los Premios Goya en España. Cabe recordar que François Bégaudeau, autor de este libro, es también cineasta, guionista y actor de cine. Su película *Entre les murs* ganó en su día la Palma de Oro en Cannes y fue nominada al Premio Oscar como Mejor Película en Lengua Extranjera.

palabras, que no comprometen a nadie más que a ellas mismas.

Es ahí donde se mueve M y la gente con la misma afiliación que él.

Hace poco, en casa de Frédéric Taddeï, un editor de extrema derecha amante de Céline y de Bloy salivaba ante la perspectiva de los cuatro próximos meses. «Vamos a divertirnos», decía. «Va a ser brutal», se entusiasmaba. Y concluía: «Con lo que me gustan los enfrentamientos, las frases ingeniosas y los vuelos líricos, voy a estar bien servido».

La extrema derecha de Rassemblement National (RN) es una producción electoral químicamente pura. No vive más que por las elecciones y para las elecciones.

Todos los partidos son máquinas electorales, especialmente concebidos para «cumplir plazos» y para recolectar el alimento del que se nutren. Las elecciones dan forma a los partidos y los partidos sostienen las elecciones. Existe una simbiosis entre ellos. Ciertos partidos hacen a veces algo más que aspirar a los escaños en los que sentarse: acompañan a los movimientos sociales, se unen a las manifestaciones, etc. Sin embargo, el RN se limita a aspirar a los escaños. Es un partido vacío de militantes y lleno de candidatos.

El RN es un partido de elecciones igual que Pantani era un ciclista de montaña. Desde hace cuarenta años muestra una constancia admirable en el desempeño electoral, especialmente en las presidenciales, reina de las elecciones, Alpe d'Huez de la democracia.

Para este éxito existen razones propiamente sociales, comenzando por la atomización de la clase trabajadora, que le impide percibirse como clase. Pero también razones intrínsecas a la elección *a fortiori* presidencial. Igual que los recorridos muy montañosos del Tour eran favorables para Pantani, los fundamentos de las elecciones son como regalos para el RN: la personificación de la competición beneficia sin duda a un partido militarista; el «secreto de las urnas» permite colar en el sobre una flatulencia racista, algo que no sucedería en la votación pública de una asamblea general universitaria o en una asamblea de los chalecos amarillos; y, sobre todo, la sociabilidad asocial del elector, solo ante la pantalla o en la cabina de votación, crea un terreno muy fértil para el idealismo y el florecimiento de la más hueca de las ideas huecas: la identidad.

Las elecciones, sobre todo las generales, son una ceremonia de autocelebración de la nación.

Todo es para ella.

En esta fiesta del pueblo donde no se tratará de las tensiones en el mar de la China meridional, ni tampoco de guerras donde esté implicado directamente nuestro ejército, ni de la carrera salvaje por la extracción y el dominio de las llamadas tierras raras para fabricar baterías de teléfonos móviles, ni de nada que ocurra más allá de un radio de mil kilómetros, los eslóganes quieren, miman, halagan y glorifican a la nación, excluyendo a cualquier otra amante. Las elecciones se sitúan en algún punto intermedio entre la superstición del soldado griego que invoca a los dioses antes del combate, el trance de los telepredicadores y el síndrome de Tourette. Es la mezcla singular de vanagloria y autoflagelación que caracteriza los arrebatos patrióticos, en los que a la patria se la declara a la vez grande y en declive, insumergible y enferma; en los que se trata de poner al país en lo más bajo para poder volver a interpretar la sinfonía de su recuperación.

Es para la nación, y solo para ella, para quien los músicos de la orquesta electoral tocan el regreso, el renacimiento y la reconquista. Es a la nación a quien prometen la fuerza, la unión y la independencia. De izquierda a derecha claman que hay que unir la nación, reunirla, amarla, defenderla, restaurar su grandeza, salvarla. Y los mítines se cierran con un himno que apenas lastima los oídos de un nacionalista.

En este ambiente el nacionalista está como en casa.

«Estamos en casa», canta. Habla de su patria, pero también de su otra novia: las elecciones. Dos tierras donde es bueno estar.

De manera que existe una pequeña contradicción cuando se participa en las elecciones para bloquear a un partido que, no voy a decir que las elecciones hayan fabricado, pero sí que ellas mismas nutren.

Existe una pequeña contradicción en pretender vencerlo mientras se participa en un juego que lo beneficia.

Si se suprimieran las elecciones, se acabaría el RN.

Si se concibiera una democracia basada exclusivamente en la votación en situación, se acabaría el RN. Si no hubiera más partidos, se acabaría el RN.

No es que me obsesione el ascenso de la extrema derecha. Aporto solamente esta reflexión para aquellos a quienes sí les obsesione dicho ascenso, así como la perspectiva técnicamente fatal de su acceso al gobierno en el futuro, bien sea de manos de la nieta de Le Pen, bien de un polemista de plató reconvertido en candidato de plató (en el estudio no hace falta más que cambiar de asiento). Los invito a considerar durante dos segundos lo siguiente: participar en las elecciones para bloquear a la extrema derecha equivale a intentar secarse con un chorro de agua a presión.

El partido electoral no puede permitir que se diga eso.

La tesis axiomática y única del partido electoral es que las elecciones constituyen la democracia. Sin embargo, a la extrema derecha no le gusta la democracia. El partido electoral no puede, por tanto, permitir que se diga que las elecciones benefician a la extrema derecha.

Con viento en contra, el partido electoral recuerda que la extrema derecha se apresura a eliminar las elecciones cuando llega al poder.

El partido electoral ostenta la ceguera del fervor. Omite que sucede a menudo, que sucederá a menudo (en la próxima década, prepárate), que unas elecciones lleven al poder a la extrema derecha o a una copia de la misma.

También omite que la extrema derecha fantasea con el plebiscito, versión consumada de las elecciones presidenciales tal como quiso De Gaulle.

Para convertirse en presidente, un candidato debe asumir, si no el traje militar, por lo menos la parafernalia autoritaria. Macron se erigió en Júpiter. Zemmour posa como resistente versión BBC. Jadot apoya una manifestación antiparlamentaria de policías. Un rumor seguramente falso anuncia a Roussel con tricornio[16].

Que la seguridad sea el tema central de la campaña, que todos sus «actores» invoquen la autoridad diez veces al día es un hecho estructural. Es el desafío intrínseco del mecanismo representativo: ya que uno

[16] Fabien Roussel es, desde 2018, el secretario general del Partido Comunista francés.

debe representar a cien mil o a sesenta millones, ese uno tiene que estar muy bien armado, tener muchas agallas.

Las elecciones no son más que un desafío: quién la tiene más grande; quién tendrá las pelotas de decirles a los norteamericanos que ya basta, a los chinos que ya les vale, a Bruselas que no, que no y que no; qué hombre digno de ese nombre cruzará el Rin a lomos de su caballo y con el sable en ristre para ir a renegociar los tratados.

O qué mujer, ¿eh?

Qué mujer capaz de ser un hombre.

Las elecciones son un concurso de autoridad similar a los concursos de belleza. En las elecciones la autoridad está en su salsa, como la mosca en el cadáver. La autoridad y las elecciones son tal para cual.

Afirmación que tampoco puede permitir el partido electoral, que es, por supuesto, ideológicamente neutro, tiene por único estandarte la democracia y luchará siempre por la libertad de expresión.

«No todos los temas de la campaña son relativos a la seguridad o a la identidad», se queja. Ni las ideas que se intercambian durante una campaña son únicamente fetiches sin referente, como la nación, la identidad o la autoridad. Algunas ideas remiten a realidades, a existencias tangibles. Un candidato visita un hospital por cuestiones de imagen, pero también para encontrarse con el personal, informarse de sus dificultades concretas y, más adelante, proponer una revalorización de los salarios u otras soluciones de lo más práctico. En pocas palabras, las elecciones permiten celebrar un verdadero debate sobre temas verdaderos que se corresponden con las verdaderas preocupaciones de la gente. Sí, en la campaña se habla de la nación, pero también «de los ciudadanos».

Un pequeño test en tiempo real nos aportará una visión general de temas verdaderos que se corresponden con preocupaciones verdaderas. Son las nueve de la mañana del 8 de diciembre de 2021, enciendo la televisión.

En BFM, un comentarista alude al sondeo en el que la conservadora Pécresse va en cabeza en la segunda vuelta. Es la primera vez que se considera la posibilidad de que el presidente actual pierda. El comentarista explica este «pequeño seísmo» como un «efecto de las primarias», puesto que la candidata de Los Republicanos (LR) acaba de ser investida por su partido.

En CNews, el liberal Christian Estrossi «asume» su acercamiento a La República en Marcha (LRM) de Macron. Lamenta la división de su familia política de origen. Hace un llamamiento a «la unidad» y la «conciliación» para afrontar los «grandes desafíos» que aguardan a Francia. La periodista de turno no pregunta cuáles son esos grandes desafíos, pero le pide que repita que no ha negociado el acercamiento por la promesa de una cartera ministerial. Él lo repite.

En France Info, un comentarista, teniendo en cuenta los mediocres resultados de la izquierda, anticipa un «voto útil» de los electores de ese bando a favor de Macron desde la primera vuelta. El comentarista de enfrente no lo cree. El de al lado lo cree a medias.

LCI difunde el vídeo viral de Montebourg[17] telefoneando a los candidatos de su bando para proponerles la unión.

En TVpompier, un director de escena lee una súplica rimada a Christiane Taubira[18], nuestra bienhechora, nuestra salvadora.

En LPC, un «politólogo» analiza los ataques del ultraderechista Zemmour contra Macron y estima que estas «banderillas» marcan un recrudecimiento de la campaña. Apoyándose en su alto grado de especialización universitaria, nos hace ver que un proceso electoral es un momento brutal. Sin embargo, el

[17] Arnauld Montebourg es un empresario y político francés, en su día secretario nacional del Partido Socialista y ministro de Economía, que presentó su candidatura a las elecciones presidenciales de 2022 para retirarse poco antes de los comicios.

[18] Christiane Taubira fue candidata presidencial del Partido Radical de Izquierda en 2002 y ministra socialista de Justicia entre 2012 y 2016. Intentó presentarse de nuevo en 2022, pero no obtuvo los avales necesarios.

«investigador en ciencias políticas» que se sienta frente a él estima que Zemmour debería suavizarse para tranquilizar a los escépticos de derechas.

En France 2, se hacen conjeturas sobre la declaración del «jefe del Estado» a su paso por Vichy ese día. ¿Hará alusión a las posturas de Zemmour sobre Pétain y la colaboración con el fascismo? Ya ayer, durante un paseo informal en Châteaumeillant, el presidente ha dejado caer a un vecino que no deberíamos manipular la historia. Vemos que son dos lecturas opuestas de «nuestra historia». Sea como fuere, el presidente ya está en campaña.

En la campaña se habla sobre la campaña. Las elecciones permiten que se celebre un verdadero debate sobre temas verdaderos de las elecciones. No es que no sea cierto su principio, que es indiscutible e irreprochable, sino su desarrollo, sus avatares, su discurso, su conversión en cifras.

Es así como se toman las elecciones los partidos en liza. El resultado final permitirá reembolsarse los gastos (de campaña) o sacar provecho en puestos que aseguren subvenciones a los directivos de estas pequeñas oficinas burocráticas.

Es así como se las toman los electores, que las siguen como si fuera una serie, una temporada de la NBA, la cañada del rebaño.

Las elecciones no son el medio de nada, sino su propio fin, como en el juego de los bolos o, comparación corriente y no por ello menos acertada, una partida de parchís.

Escucha a tu cuerpo: cuando llegan las elecciones su vibración es, sobre todo, de naturaleza lúdica.

Que un juego sea inconsecuente no impide que vibremos al participar en él. Del hecho de que las elecciones nos hagan vibrar no se infiere que sean consecuentes.

Las elecciones, la cosa más seria del mundo, son un divertimento. Un divertimento serio, como la caza, como el sexo.

Apostar por un candidato para dentro de unas semanas da el mismo subidón de adrenalina que las apuestas deportivas en línea, solo que en el caso de las elecciones no hay ganancias de dinero contante y sonante, sino de intensidad. Cuando se acerquen los resultados yo estaré menos emocionado que tú, pues no habré participado. Un día, quizá, volveré a votar para triplicar mi placer.

La supremacía de las presidenciales dentro de la oferta electoral no tiene que ver con que «decida nuestro destino», como el partido electoral repite machaconamente para convencerse de ello, desprendiendo el tufillo propio de quien está vendiendo humo. Tiene que ver con la accesibilidad del espectáculo: reglas límpidas; dramaturgia legible y, por tanto, eficaz —son quince y solo quedará uno— ; *casting* claro y personificado —son quince y solo quedará uno—, lejos del rompecabezas de proporcionalidades de las europeas o las municipales. Hasta un niño podría seguir las presidenciales. Hay niños que las siguen. Sus padres, enternecidos, dicen que les interesa como si fuera un juego. Y están retratándose ellos mismos.

A los medios les encantan las presidenciales por sus demostraciones periodísticas.

Un medio es como un tubo que, para venderse, necesita contenido bien fluido. La constatación de que las presidenciales son un contenido apreciado es la asociación comercial que se genera entre el establecimiento mediático y el electoral. Se fortalecen el uno al otro, como una multinacional agroalimentaria y una cadena comercial distribuidora de gran tamaño. Tú me dejas tu público y yo te retribuyo con un buen índice de audiencia. Que una cadena opte por un candidato u otro es secundario: por lo que opta principalmente es por el impulso que le dan las elecciones.

Para obtener el máximo de beneficios, los vendedores del producto electoral amplían la zona de exposición de la mercancía. Antiguamente, la campaña comenzaba un par de meses antes; hoy lo hace con más de medio año de antelación. A decir verdad, comienza desde el veredicto de la precedente, pero digamos que es con un semestre largo de anticipación cuando los primeros caballos «se lanzan a la carrera». Eso son muchos meses más de ganancias publicitarias. La campaña dura prácticamente lo mismo que una temporada de la Liga, con la salvedad de que la Liga está compuesta de partidos reales que modifican la clasificación a medida que avanza la competición. En cuanto a la campaña, su único partido real se desarrollará al final. En los ocho meses precedentes, no ocurre nada. Nada más que palabras.

Hace falta, por tanto, que los vendedores del producto transformen estas palabras en hechos. Las palabras se convierten en hechos electorales si son buenas: una fórmula de tribuna, una frase ingeniosa como las que le gustan a nuestro editor de extrema derecha, un eslogan de esos que tanto se extienden… Tal es la modalidad exclusiva del idioma electoral.

Para dar contenido al producto hueco que vende, la empresa electoral pone también en el mercado lo que llama primarias, puntos de anclaje espectaculares a los que los medios dan mucha visibilidad para echar más leña al fuego.

Por su parte, el establecimiento mediático produce sondeos que vende como si fueran hechos. Para ello, sistematiza un lenguaje abreviado. Ya no se dice:

si las elecciones tuvieran lugar hoy, Mélenchon[19] conseguiría un 11 %. Sino: Mélenchon remonta. Verbo de acción. Como cuando Pantani remontaba en la clasificación del Tour después de la duodécima etapa. Para ello, el ciclista había sudado en el Tourmalet. En cambio, Mélenchon no ha sudado en absoluto. Mélenchon remonta sin moverse, como Virenque avanzaba sin pedalear.

Si un sondeo puede venderse fácilmente como un hito real de unas elecciones es porque, recíprocamente, el resultado del día D no tiene muchas más consecuencias que un sondeo. Son cifras también, y las comentamos antes de irnos a acostar para dormir durante otros cuatro años.

El veredicto de las elecciones modificará, sin duda, unas cuantas naderías en el país, pero no es por eso por lo que se interesa la gente. La gente se interesa por las elecciones en sí. Este es un fenómeno familiar que conocen bien los aficionados al deporte, inclinados a apasionarse por las competiciones sin otra finalidad que la de su celebración. ¿Cuál es la finalidad del Mundial de Fútbol? El Mundial de Fútbol. Una vez que todos los partidos están jugados, ya no queda

[19] Jean-Luc Mélenchon, antiguo miembro del Partido Socialista y fundador del movimiento La Francia Insumisa, con el que se presentó a las elecciones presidenciales de 2022 obteniendo un 22 % de los sufragios.

más que especular sobre la siguiente edición. ¿Qué equipo sucederá a Francia en diciembre de 2022 en Qatar? ¿Italia, aprovechando el ímpetu de su victoria en la Eurocopa? ¿O quizá Édouard Philippe[20], que ya está dispuesto?

Las competiciones electorales no me dejan insensible. Las sigo, primero a medias y, con el paso de los meses, más atentamente. Me ocurre igual al final de una noche de Miss Francia: a cada minuto que pasa, yo, que empecé burlándome, comienzo a implicarme, adquiero preferencias y aversiones, y encuentro injusto que Miss Guadaloupe gane a Miss Saône-et-Loire, porque me gustan las pecas de esta última e, incidentalmente, el trasero. Me engancha el juego. No quiero cortar sin conocer la última palabra.

Que en 2021 Miss France fuera Miss Île-de-France no afectó a la vida de ningún habitante de la región que ella «representa». Sin embargo, el sábado pasado éramos ocho millones quienes veíamos el programa en televisión. Y seremos el mismo número de personas quienes sigamos la próxima noche electoral en abril. El sofá no se habrá movido; ni la postura que adoptaremos: sentados e inmóviles.

[20] Édouard Philippe, primer ministro francés entre 2017 y 2020, y actual presidente del nuevo partido Horizons, aliado de Emmanuel Macron.

El juego me engancha. El sondeo que da como ganadora a Pécresse me intriga. Entonces, ¿esta alumna ejemplar del liceo católico tiene una oportunidad? ¿Es tan influyente la burguesía de Yvelines y los Altos del Sena? Me digo que sus insuficiencias terminarán saliendo a la luz. No es una afirmación misógina. No diría algo así de Marine Le Pen, que es otro caso completamente distinto. Por lo menos, es abogada. Lo era, antes de su reconversión en candidata profesional. ¿A qué actividad volverá cuando su familia prefiera a su sobrina? ¿Otra vez a la abogacía? O quizá se hará criadora de gatos, puesto que tiene el diploma.

Estas meditaciones de altos vuelos me han ocupado el cerebro tres minutos. Tres minutos superfluos, pero agradables. La campaña sí que me desagrada. Un par de meses antes echaré un vistazo a su apogeo audiovisual (y por tanto a su apogeo propiamente dicho): el debate en el que, tras sus atriles, los candidatos se convierten en subastadores de sí mismos. Mi apuesta es que la izquierda radical de Mélenchon será quien domine. Aunque sé que Mélenchon se presentará treinta y cuatro veces y fracasará todas. Igualmente, valdrá la pena la belleza del gesto. Las tardes en las que derrota a sus adversarios se pasa un buen rato. Son las fases del juego que más gustan, las que se vuelven a ver en bucle al día siguiente.

Habré contribuido a la audiencia de las elecciones, como el votante contribuye a su legitimidad. De hecho, es a eso a lo que contribuye principalmente. En el seno de esta festividad circular, el voto se emite sobre todo a favor del voto.

He dicho que una papeleta no dice nada y que, en ese sentido, es siempre nula. Sin embargo, enuncia como mínimo un mensaje claro: yo voto.

¡Ha votado! En estos términos el letrado hace constar el gesto del votante. Esto es todo lo que retiene la institución, todo lo que le interesa.

Por mucho que el votante pueda pensar que elige a tal o a cual y por tal o cual motivo, lo que elige ante todo es las elecciones.

Sea cual sea su sensibilidad, todo sufragio es a favor del sufragio mismo.

Tanto si pertenece a un partido como si no, el votante es, en todo caso, un afiliado del partido electoral.

El votante valida las elecciones.

Dice: compro.

Y compra, literalmente.

Marca con una cruz la casilla de satisfacción del producto electoral, vendido por sus directores comerciales: los partidos y los medios. Es como el internauta que acepta sin leer las condiciones ilegibles de acceso a un sitio web. El sitio es lo de menos, lo importante es la presencia en internet. «¡Ha hecho clic!», grita el asesor de un gigante tecnológico cada segundo de presencia.

Compra, sobre todo, el principio de las elecciones, sus reglas, sus postulados, las escisiones constitutivas del mecanismo electoral: escisión entre ciudadanos activos y pasivos, elegidos y electores, representantes y representados.

Al delegar, el votante dice sí a la delegación.

Al delegar en profesionales, dice sí a la profesionalización… y reconoce que, en política, es un mero aficionado.

Dice sí a la división no igualitaria del cuerpo social y, por extensión, al orden social no igualitario que las elecciones a la vez simbolizan y corroboran.

Al validar las elecciones, se valida mucho más que estas: se valida el orden del que las elecciones son muro de carga.

Ciertas conjeturas tan alambicadas como descabelladas del votante lo llevan a veces a realizar un «voto útil», es decir, una elección táctica, en lugar de por convicción. El uso reconocido del «voto útil» pone de manifiesto involuntariamente la sensación general de que el voto es normalmente inútil.

¿Para qué son útiles las elecciones, si son inútiles? ¿Para qué sirven, si no sirven de nada? ¿A quién sirven, si no sirven al votante? ¿Qué renta representan y para qué rentistas?

Una respuesta sería: para los rentistas del orden, para quienes el orden establecido es una renta; una renta que les da intereses si se perpetúa.

La elección, inútil para cambiar las cosas, es útil para mantener el orden.

Por mucho que un voto pueda ir a contestatarios irreductibles como Arlette Laguiller o Francis Lalanne, siempre favorece, al final, al partido del orden.

El partido electoral emana del partido del orden.

Durante mucho tiempo, el partido del orden temió las elecciones. Las temen aún en muchos países.

Durante mucho tiempo hicieron lo imposible para que no se instaurase un régimen electoral.

Cometían una estupidez.

Y terminaron dándose cuenta de que cometían una estupidez. Obligados por el empuje histórico a aceptar las elecciones, primero montaron en cólera, pero luego se dijeron: «Al fin y al cabo, ¿por qué no? Al fin y al cabo, el orden no tiene que ver con el Estado. El orden tiene que ver en primer lugar con el dinero y con la propiedad. Que se apoderen del Estado, que nosotros nos quedaremos con el dinero y la propiedad. Y nuestro dinero nos asegurará el control del Estado, del que la gente común y corriente cree haberse apoderado. Que elijan o no a los patanes que administran esta prestación de servicios, eso da igual».

Simplifico. Las elecciones, *a fortiori*, el sufragio universal, no han sido más que amablemente consentidas por el partido del orden. Fueron reclamadas por el bando de la emancipación, que veía en ellas un modo de desestabilizar el orden. Pero es un hecho, por un lado, que dicho bando perdió pronto las esperanzas puestas en las elecciones —desde junio de 1848 se descubrió el pastel[21]— y, por otro lado y paralelamente, que el

[21] Tras el proceso revolucionario que concluyó con el derrocamiento de la monarquía, las elecciones presidenciales de 1848 tuvieron un carácter histórico, ya que

orden acabó por concederlas de buena gana al calcular que no había en ellas ningún peligro.

Por el contrario, podían ser un chollo para el orden.

Sin embargo, matemáticamente, el mecanismo prometía hacer perder a los rentistas. Además de ser ruidosos y malolientes, los pobres también son numerosos. Es el pequeño inconveniente de una sociedad en la que un puñado acapara todo: que, *ipso facto*, son mayoritarios los que no tienen nada.

En una democracia electoral, mayoritarios quiere decir vencedores. El sufragio censitario garantizaba el orden establecido al dar solo a los propietarios la prerrogativa de renovar o no el orden de la propiedad —que, oh estupefacción, renovaban—, pero ¿no se arriesgaban a perder el control si concedían el uso de la palabra a demasiados desharrapados?

Este es, dándole la vuelta, el razonamiento que hace la izquierda para motivarse a ir a las urnas y pegarse el enésimo batacazo. Bastará que los más numerosos

---

constituyeron la primera elección presidencial directa de la historia de Francia. El resultado fue una sorpresiva y arrolladora victoria de Louis-Napoleón Bonaparte, que obtuvo el 74.33 % de los votos. Algunos de quienes lo apoyaron, especialmente desde las clases altas, buscaban evitar una revolución comunista bajo las ideas de Friedrich Engels. Pero su victoria abrumadora se debió sobre todo al apoyo de las masas rurales no politizadas, convencidas por Bonaparte mediante vagas indicaciones relativas a supuestas medidas económicas progresistas.

voten bien para que ganemos. Bastará que ganemos para ser victoriosos.

Sin embargo, en los albores de la Tercera República en la que aún vivimos, los elementos más hábiles del partido del orden comprendieron el beneficio que podía extraerse de la integración de los desharrapados en el cuerpo electoral. La mayoría, que parecía que perjudicaría a la minoría, iba a favorecerles. No daría lugar a su derrota, sino a su consolidación, puesto que si los gobernantes eran elegidos por esa mayoría, serían mucho mejor aceptados y obedecidos. Las decisiones de gobierno legitimadas por las elecciones ya no serían objetables.

Durante mucho tiempo el partido del orden temió las elecciones y después, astuto como un Sieyès[22], ladino como un Thiers[23], vio en ellas una manera fiable de legitimar el orden.

El orden organiza las elecciones. Dedica mucha energía y dinero a ello. El Ministerio del Interior es el encargado de oficializar los resultados y también de vigilar su «buena marcha». Incluso en tiempos del covid

[22] Emmanuel-Joseph Sieyès fue un político, eclesiástico y académico francés y uno de los encargados de redactar tanto las constituciones de la Revolución francesa como de la era napoleónica.

[23] Adolphe Thiers fue un abogado, periodista y estadista francés partidario de la monarquía constitucional. A pesar de ello, fue presidente de la República y reprimió de forma sangrienta el levantamiento de la Comuna de París.

hizo falta que se celebraran elecciones y que tuvieran carácter plebiscitario. Hay que ir a votar, prescribe el orden a través de campañas de sensibilización financiadas con dinero público. No te pongas al volante con dos gramos de alcohol en sangre, no huyas el día de las elecciones.

A las urnas, ciudadanos.

La urna es, pues, un arma. ¿Un arma contra aquellos que prescriben utilizarla? Un arma que carga el diablo.

Al acercarse unas elecciones, los bardos del partido del orden, preocupados por la equidad y el pluralismo, callan el bando que prefieren. Por mucho que sus colegas de plató indaguen, no revelan su voto, en nombre de un deber de reserva republicano que se inventan para la ocasión. En cambio, se pronuncian sin reservas a favor del voto. Su neutro mensaje es: «Votad. Votad por quien queráis, pero hacedlo. Votad y luego firmad en el registro, ahí, abajo a la izquierda. Es lo único que os pedimos. Como ratificación del orden establecido, bastará».

Los profesores de la República transmiten el mensaje en los cursos que llaman de «instrucción moral y cívica», porque el ciudadano es moral y la moral es ciudadana. Allí no se aprende cómo ocupar la sede de un banco, sino cómo son «nuestras instituciones», a las que se invita a los ciudadanos en ciernes a honrar convirtiéndose en votantes cuando acaben el bachillerato.

Los profesores de la República son eso, profesores de la República. A veces organizan un periplo a la capital para visitar la Asamblea Nacional. Mirad, niños, este es el hemiciclo donde los representantes del pueblo soberano, vuestros representantes cuando tengáis uso de razón, votan las leyes. Donde legislan en vuestro nombre. Donde, después de cuatro años, todas las proposiciones de ley que no emanen del ejecutivo acabarán en la papelera. Donde, a lo largo de esos años, todas las leyes que acaben votándose serán iniciativa del ejecutivo.

El partido del orden podría también congratularse de la abstención masiva, pues esta abstención —que proviene de elementos socialmente inferiores, como empleados, trabajadores agrícolas, parados, jóvenes en situación precaria o precarizados en tanto que jóvenes— compensa el desequilibrio matemático de partida, es decir, hace perdurar el sufragio censitario bajo la apariencia de sufragio universal.

Pero resulta que eso es justo lo que hace falta: mantener las apariencias.

Si hay demasiada abstención, se corre el riesgo de deslegitimar las elecciones, así como el orden que aquellas tienen la vocación de legitimar. Con un 60 % de abstención, no se tardaría mucho en superar el umbral de la legitimidad. Comenzaría a verse el cartón. Las elecciones empezarían a parecerse demasiado a la reunión de copropietarios que es, con el voto como punto culminante de la reunión, donde un sufragio entre pares confirma en sus funciones al representante actual de los propietarios o lo sustituye por un clon igualmente homogeneizado con sus electores. Es urgente que los proletarios aparezcan en la foto. Procuremos juntar a unos pocos, habrá quien piense que esto es un favor.

Unos pocos, pero no demasiados.

La buena administración burguesa se basa en la dosificación: dosificación de la violencia del mercado (suavizado con unas migajas sociales), dosificación de la autoridad (sazonada con unas pizcas de horizontalidad). Un buen término medio entre demasiados votantes proletarios y demasiados pocos sitúa la abstención en un 40 %. Lo que significa una «participación» del 60 %.

Lo importante es participar.

La democracia llamada participativa tiene también por función principal hacer callar de antemano a la gente que pudiera quejarse de no haber sido escuchada.

Solo un rechazo masivo a salir en la foto sería capaz de perturbar la tranquilidad del sufragio censitario.

Este rechazo masivo, que sería significativo precisamente por ser masivo, no se ha dado nunca, lo que constituye un fenómeno social llamativo. Se trata de un fenómeno lógico en tanto que social, pero llamativo igualmente. El partido electoral se sorprende de que los pobres voten tan poco. El partido de los pobres se sorprende de que aún haya quien vote.

En cuanto a los rentistas, la abstención brilla por su ausencia. Se comenta a menudo el escaso voto entre las clases populares, pero nunca se menciona el hipertrofiado de las clases superiores. La razón de estos dos fenómenos es una sola, aunque se ramifica en dos afirmaciones capiculadas: las clases populares se dan cuenta de que no va con ellos y las clases superiores saben bien que sí va con ellos.

Que los pobres se mezclen masivamente en este asunto de ricos parecería tan incongruente como su implicación en otros asuntos de ricos: las operaciones de bolsa, las estrategias de evasión fiscal, la repartición de las herencias o la planificación de las mesas de boda de los herederos. Lo único que faltaría es que se hicieran ministros.

Los elegidos ejercerán el poder en asociación con otros poderes —económico, financiero, tecnológico, administrativo— más o menos conocidos, pero nunca elegidos. Hay cierta lógica en que la gente que está alejada de todos los poderes se sienta poco concernida por la renovación del personal que ocupa el poder.

A los inquilinos no se les invita a las reuniones de copropietarios; solo a que tomen nota de que la reparación del ascensor, acordada por doce votos contra dos, se repercutirá en el precio de la renta.

Parece que Francia se ha hecho más de derechas.

Pero ¿de qué Francia hablamos? Quien dice Francia no está diciendo nada.

La Francia que compró cincuenta millones de cómics manga en 2021, la que se pega por las entradas para los campeonatos de Europa de eSports, la que acepta desafíos de maquillaje en TikTok, la que se precipita a ver *Dune*, la que se pasa los fines de semana especulando con bitcoins, esa Francia no se ha hecho más de derechas. Se ha americanizado, asiatizado; en todo caso, liberalizado.

No es la Francia que se ha hecho de derechas. Esa es la Francia electoral.

La Francia electoral, la que vota, representa menos de la mitad de la población francesa (un porcentaje equivalente al de la mayoría de países europeos).

Que esta parte minoritaria de la población sea más de derechas se debe a causas contingentes: envejecimiento del cuerpo electoral en proporción al envejecimiento general y a la clara tendencia de los jóvenes a preferir el K-pop a las elecciones; aumento de la proporción de patrimonio en manos de la población de mayor edad. Una persona mayor es básicamente conservadora, pues ya no tiene salud suficiente para amar el desorden; una persona mayor y adinerada es definitivamente conservadora.

Esta derechización coyuntural intensifica un hecho estructural: que la institución de las elecciones, concebida y administrada por el orden, es un operador del conservadurismo.

La población electoral es una categoría estadística, pero también ideológica. La población electoral, como tal, es conservadora.

Me río yo solo pensando que las próximas elecciones serán unas primarias de la derecha. Pero es que todas las presidenciales lo son.

La población no electoral es mayoritaria. Y compuesta.

Comprende a los menores. Los menores no tienen derecho a votar, pero tienen derecho a compartir la realidad de las personas que votan. No tienen derecho a participar en las elecciones, pero tienen el deber legal de asistir cinco días a la semana a la institución escolar, la cual, en cada convocatoria electoral, se reafirma como núcleo central del pacto republicano. Respiran el mismo aire que sus padres votantes, pero se supone que carecen de opinión sobre las partículas finas que contaminan ese aire. A través de su caso se demuestra que la ciudadanía no tiene correspondencia con el uso de la ciudad. El ciudadano no es el habitante. El ciudadano es un ectoplasma cuyo domicilio se desconoce.

La población no electoral comprende también a los extranjeros que residen aquí sin ser ciudadanos. Trabajan aquí, cotizan a la Seguridad Social, escolarizan a sus hijos, sacan dinero en euros del cajero automático, pero el vínculo orgánico entre nación y elecciones les tiene prohibido elegir a aquellos que (des)regularán el mercado de trabajo, gestionarán la redistribución de la riqueza, impondrán y configurarán la educación, acuñarán la moneda... Los extranjeros serán tan amables de respetar las normas y las leyes sobre las que no tienen derecho de pronunciarse. Los habitantes con pasaporte patrio viven en una pseudodemocracia; los extranjeros, en una dictadura. Si no están contentos, pueden recurrir a naturalizarse, lo que les costará una tira de años de papeleo y espera en la prefectura, durante los cuales serán habitantes no ciudadanos. Y, si siguen sin estar contentos, también pueden volverse a su casa. Las elecciones o las amas o las dejas.

La población no electoral también abarca a otra gente que no vota por diversas razones. Por falta de tiempo, por tener la cabeza en otro sitio, porque van a un concierto de Damso o a una firma de Angèle en la FNAC, por ignorancia, por estupidez... Como ya se ha visto, algunos de estos son pobres, y el hecho de que no voten es un rasgo distintivo de su nivel social. Que en la mente de todos el no votar señale a los pobres demuestra que es reconocido de manera unánime que el voto es cosa de ricos.

Por último, la población no electoral abarca a gente que no vota porque no le importa en absoluto. Porque no le importa lo suficiente para ir a votar. Porque tiene una idea demasiado alta y, sobre todo, demasiado concreta de la política para ir a mancillarla en una cabina de votación. Porque prefiere la política a su pastiche electoral. Esta gente vive en una granja colectiva donde se comparte la riqueza creada, organiza *happenings* de inspiración decolonial, ha montado un espacio de trueque en un garaje reconvertido de Bobigny, combate en Rojava en el seno de una brigada internacional, son delegados sindicales de la sección ferroviaria de Montparnasse, informa gratuitamente sobre *software* libre o lo diseña... Esta gente cuestiona el orden establecido o un aspecto del mismo. Son izquierdistas o no. Desarrollan o no una reflexión sobre el carácter visceralmente conservador de las elecciones. No votan porque están demasiado ocupados haciendo política. Como son ciudadanos todo el año, no tienen necesidad de esa pequeña reafirmación ciudadana que ofrecen las elecciones.

Son gente que lleva en alto el vocablo política, que las elecciones usurpan.

Las personas mayores, los ricos, los comerciantes, los explotados que tienen lavado el cerebro y otros miedicas patológicos cuya prioridad política es la conservación del orden social, degradan la política convirtiéndola en una actividad policial, es decir, de mantenimiento del orden.

En este sentido, que tomo prestado del filósofo Jacques Rancière, la función policial queda garantizada por las instituciones, por el derecho, el dinero, el chantaje vinculado al empleo, los canales ideológicos, la parcelación de la sanidad, el sistema escolar, etc. Y también por lo que comúnmente llamamos policía.

Si no se la reduce a una función policial, la política aspira a alterar el orden y trabaja en pro de ello, con la vista puesta en otra forma de organizar la sociedad, otro reparto de la riqueza, otra ocupación del espacio y el tiempo, otra división de lo sensible, como diría el amigo Jacques.

Policía y política son dos opciones antagonistas, del mismo modo que la emancipación se opone a la educación, y la energía de lo posible al poder de la inercia de lo ya existente.

Quienes pretenden alterar el orden se confunden al respaldar el mecanismo electoral regulado por y para las fuerzas del orden.

No se pueden desarrollar a un tiempo acciones policiales y políticas. No se puede ser parte a la vez de la población electoral y de la población política. O solo como de pasada: votando igual que echaríamos una partida de cartas, sabiendo que la política está en otra parte.

El partido de la policía vota alegremente. Y hace bien, porque el voto es para él; se le ha ofrecido en bandeja de plata, igual que los diputados votan su salario o los miembros de los consejos de administración del CAC 40 se eligen unos a otros. Yo te elijo, tú me eliges, nosotros nos mantenemos.

La derecha participa alegremente en la elección de la derecha. Cada dos, tres, cuatro años, los pudientes y los subalternos seducidos por ellos, los terratenientes y sus gentes, los grandes comerciantes y los pequeños independientes a los que asfixian los primeros caminan hacia el colegio electoral para renovar lo existente. Esto a veces significa reelegir a los actuales apoderados y otras designar nuevos, sacándolos de un «sombrero de banquero». A veces, es necesario renovar el escaparate para salvar el negocio.

Todo ello procede del interés bien entendido y responde a necesidades comprensibles.

Lo que resulta extraño es ver votar a la gente de izquierdas.

Quiero decir: ver a la gente verdaderamente de izquierdas votar verdaderamente. Y amonestar a quienes no votan.

¿Cómo explicar esta rareza de un lagarto con pelo? ¿Cómo se ha llegado a ello? ¿A causa de qué malentendido, qué distracción?

Yo veo varios malentendidos, de varias cosas malentendidas.

1. La persona de izquierdas no comprende bien sus convicciones. Se cree de izquierdas y no es más que una persona de derechas acomplejada. Pero esta especie, que dominó un tiempo entre la población electoral, se encuentra en vías de desaparición. El último espécimen pacía, según cuentan, en un jardín del Ayuntamiento de París. El partido que amparaba este engaño cerrará en breve el chiringuito. Hipótesis concluida.

2. La persona de izquierdas interpreta mal el apego que tiene a las elecciones. Cree que es la cuerda política la que vibra en él cuando él vibra por ellas; sin embargo, es la cuerda de Miss Francia. La emoción de la competición. La embriaguez de los debates estratégicos entre amigos. Abriendo una cerveza, Grégory desearía que «la izquierda» cerrase filas tras un solo

candidato. Metiendo la mano en el paquete de patatas fritas, Cyrielle estima que Mélenchon y Jadot son incompatibles. Jo, ya borracho, propone una oración colectiva a Taubira, nuestra bienhechora, nuestra salvadora. Basile asegura que los tres aspirantes de la derecha pueden neutralizarse si quedan por debajo del 15 %, lo que daría una oportunidad «a la izquierda» de pasar a la segunda vuelta. Razón de más para unirse tras un candidato único, subraya Grégory. Sin embargo, Cyrielle estima de nuevo que Jadot y Mélenchon son incompatibles, y Jo desearía que Jaurès fuera candidato. Son las once de la noche y aún siguen. Van a abrir otra botella. La velada interminable recuerda a cuando los niños se ponen a jugar a los astronautas.

Si Grégory se escuchara mejor, comprendería que esa noche, en su estudio alquilado de profesor precario en el centro de la ciudad de Rennes, tras la fachada de responsabilidad cívica, es su existencia pre-cívica la que sale a la superficie. Es su madre seguidora de Chevènement[24], militante en la Federación Loire-Atlantique del Partido Socialista; es el champán que abrieron sus padres para celebrar la victoria en las legislativas del 97; es la primera manifestación a la que acudió,

[24] Jean-Pierre Chevènement ha sido miembro del Partido Socialista y ministro en diversas ocasiones. Durante las elecciones presidenciales de 2022 apoyó la candidatura de Emmanuel Macron contra las posiciones más radicalmente izquierdistas de Jean-Luc Mélenchon.

entre las dos vueltas del año 2002, saltándose la práctica para el examen de bachillerato de Francés. Para Grégory, el voto y su perímetro tienen el mismo efecto que la magdalena en Proust, como lo tiene la camiseta naranja de la selección holandesa en su hermano mayor, nacido en 1966. Cruyff y el colegio electoral son la infancia. Son los padres a los que se acompañaba hasta la cabina de votación, y cuyo derecho al voto, inaccesible para nosotros, los aureolaba a ellos con centelleos de madurez. Y, quince años más tarde, llega nuestro turno de reproducir esa escena matricial.

3. La persona de izquierdas comprende mal la izquierda. La mayor parte de las personas de izquierdas lo son por educación, impregnación cultural, lealtad familiar, «hábito». Otros pescan truchas porque lo hacía su padre, que imitaba a su tío. Otros hacen el ramadán para no entristecer a su madre. Son musulmanes de aquella manera. La mayor parte de la gente de izquierdas también. La palabra izquierda permite cierta vaguedad artística. Por eso, por claridad, es preferible hablar de bando social.

Las personas que son de izquierdas «de aquella manera» no comprenden nada más que por encima los dos axiomas del bando social. Y es ese mal conocimiento de estos dos axiomas o el olvido de los mismos lo que los hace profesar el voto, y tachar la abstención de error político.

El primer axioma es el pensamiento estructural, que se opone, punto por punto, al pensamiento liberal.

El bando liberal piensa por los individuos (y en nombre de las estructuras); el bando social piensa por las estructuras (y en nombre de los individuos). El primero pone por delante la responsabilidad positiva o negativa de los individuos; el segundo, el peso determinante de las estructuras. El punto de vista estructural establece que, en el seno de una sociedad dominada por la burguesía, las elecciones no se han instituido sino en beneficio de la burguesía. Según este punto de vista, no es posible que los gobernantes hayan ofrecido a los gobernados un dispositivo que tenga la capacidad de destituirlos, que los rentistas hayan permitido e incluso promovido un mecanismo que pueda acabar con la renta. En lo que respecta a las elecciones, igual que a la escuela, las personas que son izquierdistas de aquella manera pisotean el razonamiento sobre el que se asienta la izquierda verdadera: cuando el orden autoriza algo y, *a fortiori*, cuando organiza algo, no es sino para consolidar el orden.

Por lo demás, el orden es mucho menos afable con lo que lo desestabiliza que con las elecciones. Existen pocas campañas oficiales a favor de una economía sin residuos, pocas excursiones escolares que se acerquen al Muro de los Federados[25] para reflexionar ante él, pocos carteles de manifestaciones en los vestíbulos de los ayuntamientos. Los domingos de primavera rara vez hemos visto a un ministro del Interior organizar, en lugar de unas elecciones regionales, una okupación de oficinas vacías.

Todo esto no lo quiere escuchar la persona que es de izquierdas de aquella manera. Y para cubrir esta carencia lamentable, se lanza a un monólogo lleno de «Lo siento mucho, pero no».

Lo siente mucho, pero no.

Su monólogo renueva la modalidad principal del pensamiento liberal: poner por delante la excepción. Sí, hay determinismos sociales, pero mira a ese hijo de albañil que puede ingresar en la Escuela Nacional de Administración. Del mismo modo en que considera la escuela como un reducto de resistencia igualitaria en el seno del sistema capitalista industrial, la persona que es de izquierdas de aquella manera lo siente mucho, pero ve las elecciones como el cuervo rosa alojado en la red de las instituciones, como un remanso de democracia y de emancipación en el

[25] El Muro de los Federados del cementerio Père-Lachaise es el lugar en el que el 28 de mayo de 1871 fueron fusilados ciento cuarenta y siete combatientes de la Comuna de París. Desde entonces simboliza la lucha por la libertad y los ideales anarquistas, comunistas y/o autogestionarios.

núcleo de una sociedad vertical y consagrada a su reproducción.

Nosotros, la gente de izquierdas —prosiguen—, no tenemos más que aprovechar ese descuido de las fuerzas policiales, esa torpeza suicida del partido del orden, a saber, haber fabricado la bomba que lo destruirá y, además, darnos el activador. Venga, gente de la izquierda, acabad con nosotros. Nos lo tenemos merecido. Somos unos egoístas que nos hemos atrincherado en nuestros privilegios y nuestras poltronas. Desposeednos gracias a la escuela, destituidnos gracias a las elecciones. Convertíos en votantes y en profesores y, desde esas plazas fuertes, trabajad para sabotear desde el interior esta sociedad que nos ceba cual gorrinos.

Si, en un momento loco de lucidez, la persona que es de izquierdas de aquella manera reconoce que las elecciones y la escuela son esencialmente conservadoras, lo siente mucho, pero no, eso no condena por completo a estas instituciones. No renuncia a la estrategia de la infiltración, sino que la reduce a una escala más pequeña. Ya no piensa en modificar la sociedad desde la palestra de la educación o del sistema electoral, sino en modificar la educación y el sistema electoral. Seremos profesores de izquierdas igualitarios en una educación nacional que reproduce la desigualdad / haremos que la izquierda gane las elecciones. Así saldrán de la escuela ciudadanos con un espíritu crítico aguzado; así saldrán de las urnas gobiernos de izquierda dispuestos a privatizar el banco Crédit Lyonnais.

Al apostar así por la victoria de la izquierda en un deporte de derechas, la persona que es de izquierdas de aquella manera parece ilógica.

Sin embargo, es, de hecho, muy lógica. Porque, en el fondo de sí misma, no cree que las elecciones sean un deporte de la derecha ni que el sistema representativo sea conservador en su esencia. Como buen liberal, cree que la estructura es lo que hagamos de ella. Las elecciones serán de izquierdas si la izquierda interviene en ellas. Se inclinarán del lado bueno si la gente del lado bueno se agrupa, como en el *Costa Concordia* antes de que se hundiera.

Como apoyo de esta proyección, sacará a relucir el glorioso 10 de mayo de 1981: único momento victorioso de la izquierda en la Quinta República (un pudor repentino le impide considerar como tal la elección de Hollande). ¡Menuda victoria! Histórica y aún revivificante cuarenta años después. ¿No es la prueba de que otras elecciones son posibles? ¿No desmiente esplendorosamente el fatalismo estructural?

Es tan conmovedor ver a este camarada agarrarse a la roca del 10 de mayo que da pena tener que partirle el brazo para que se caiga de ella.

Vamos a hacerlo suavemente. Procederé a pequeños golpes. Comenzando por el más leve: a la cabeza de la izquierda que triunfó entonces había un hombre totalmente de derechas, que solo había optado por el partido llamado socialista después de chuparse el dedo, levantarlo y ver que lo secaba un viento de izquierdas.

Y ese viento nos lleva a lo esencial.

Ese viento no lo habían levantado las elecciones.

La victoria del 81 no fue una victoria electoral. El 81 no se ganó en el 81, mediante el juego de la competición electoral, sino en el 68, en las calles. Aquí estoy hablando del periodo que va desde la posguerra hasta los años 80, en «el que el fondo del aire era rojo». El 81 recogió el 68. El 81 fue la cristalización electoral del vigor de las fuerzas sociales, conjugado con la hegemonía del pensamiento emancipador: los dos se nutrieron el uno al otro. En este periodo, la vitalidad política fue tal que logró trastornar el juego policial.

No hay victoria electoral del bando social. Hay victorias sociales que a veces repercuten en la contabilidad electoral.

La lógica electoral no se retuerce desde el interior, sino desde el exterior. Y no por votar, sino por actuar. Dado que elegir no es actuar, sino renunciar a ello, la acción solo tiene lugar fuera del marco electoral.

El 10 de mayo de 1981, la población electoral viró a la izquierda porque la población política había chocado contra la rutina conservadora.

Las elecciones son políticas si la política que se ejerce fuera entra por la ventana en el salón de baile y monta un jaleo.

En los periodos en que las fuerzas políticas son débiles, las elecciones celebradas en su curso institucional hacen tranquilamente su trabajo de reafirmar el orden.

En 2022 estas fuerzas políticas son prácticamente inexistentes. Los profesionales que se presenten como candidatos de la izquierda podrán unirse, separarse, fusionarse, multiplicarse como los panes y los peces, prometer una subida del SMI del 300 %, cantar «One More Time» en italiano o lo que quieran, que nada estropeará la fiesta liberal-autoritaria de las elecciones en curso.

Las personas que son de izquierdas de aquella manera ya no pueden agarrarse a la roca más que con un dedo.

Pero el instinto de conservación les da la fuerza para un último arrebato. Hace falta actuar, no elegir, muy bien, pero, para que la acción repercuta en las elecciones, es necesario que quienes actúan voten. Si en el 81 los individuos que había creado el 68 no hubieran votado, el 68 no habría tenido un desenlace electoral.

En efecto, así es.

La observación no es absurda. Simplemente invita a precisar que, en el fondo, el desenlace electoral es superfluo. Si las fuerzas políticas son actuantes, actúan, como cuando decimos que actúa un medicamento o un veneno. El 68 actuó mucho antes del 81.

Lo que llamo 68 es una acción en sí, un desplazamiento de larga duración de masas de aire y de opinión sobre muchos asuntos, que se dio sin que fuera necesario que la población electoral se metiese a acompañarlo.

Cuando las fuerzas verdaderamente actuantes reclaman una ley, esa ley acaba por aprobarse. Ha llegado a darse que un gobierno de derechas despenalizase el aborto por la presión de la fuerza feminista que llevaba años ocupando un lugar, enervando la sociedad, despertando las conciencias, descongestionando los cuerpos, informando a los ciegos sobre la realidad.

Si una fuerza política es digna de ese nombre, le dan igual las victorias electorales. En los tiempos de gran salud política, las elecciones cobran el aspecto de una cosa trasnochada. Están allí arrinconadas y nadie las mira. En la pantalla, un candidato fustiga el separatismo musulmán y nadie lo escucha. Los televisores y los móviles hablan en el vacío. La política no tiene un desenlace en las elecciones. Las sustituye, del mismo modo que las elecciones sustituyen a la política. O lo uno o lo otro. Los tiempos de buena salud política marginan las elecciones. La centralidad de las elecciones es un signo de mala salud política.

La población electoral es tan hermética en relación con la población política que los desenlaces electorales con ebullición política son poco comunes. Son dos países en uno, dos vecinos que no se hablan.

El hermetismo parece hoy haber alcanzado su punto máximo. Lo que los comentaristas de guardia llaman la «crisis de la representación» pone de manifiesto más bien la culminación de la escisión instituida por la propia representación. La representación no ha estado nunca más lograda. Al permitir más que nunca al bloque burgués gobernar para sus propios intereses, esta ha alcanzado su mayor grado de perfección. Los chalecos amarillos han ocupado la escena, ha surgido un movimiento duradero contra la reforma de las pensiones, el activismo ecológico se radicaliza, las minorías raciales politizan su opresión, las monedas locales crecen, los zadistas perseveran, hay ejecutivos del sector privado que dejan sus cargos, nadie cree a la UE aparte de sus comisarios, todo el mundo detesta el sector financiero, y nos vamos directamente de cabeza a las elecciones más conservadoras de la historia de la República. Las elecciones no son herméticas con respecto a la política por casualidad. Están pensadas para serlo, para neutralizar la política, bloquearla, entorpecerla.

La política aterra a los rentistas, quienes, después de un momento de empuje político, votan con el miedo en el cuerpo y para reafirmarse, igual que votaron después del Frente Popular, igual que votaron en junio del 68.

Igual que votaron después de la Comuna[26].

Las elecciones de la década de 1870 fueron el eco, no de la Comuna, sino del pavor que causó a los pudientes (incluyendo aquí la Semana Sangrienta[27], en la que dichos pudientes se espantaron hasta de sus propias masacres). En la Comuna, las elecciones fueron un desenlace *a contrario*. Habíamos tenido a los anarquistas en las calles, tendríamos a los realistas en la Cámara. Mejor aún: porque habíamos tenido a los anarquistas en las calles, tendríamos a los realistas en la Cámara, unidos a los republicanos en el rechazo a la calle.

[26] La Comuna de París fue un movimiento insurreccional que gobernó brevemente la capital francesa (del 18 de marzo al 28 de mayo de 1871), instaurando el primer gobierno de la clase obrera del mundo cuyo espíritu era el socialismo autogestionario.

[27] Entre el 21 y el 28 de mayo de 1871, tuvo lugar la llamada Semana Sangrienta, durante la cual el Ejército francés puso fin a la insurrección de la Comuna de París mediante un asalto que acabó con más de 20.000 muertos.

El sufragio universal, la escuela y las colonias asegurarían la estabilidad y la prosperidad de la República burguesa, que, desde entonces, se sustenta en estas bases. La depredación colonial sobrevive en la voracidad de nuestras multinacionales, la escuela sobrevive en la guardería, las elecciones sobreviven en el sentimiento mayoritario aunque soterrado de su inutilidad.

Todo ello arroja nueva luz sobre el 81. El 81 no es el desenlace del 68, sino su caducidad. El 81 recoge el 68 y lo finiquita. Y quizá lo recoge para finiquitarlo.

La coincidencia de las fechas es elocuente. Es justo en los años 80 cuando se inicia la gran reacción conservadora. En el 81, la traducción electoral de la fuerza política denominada «el 68» se recoge y culmina su extinción.

Que el triunfo del bando social del 81 se mudara en una lealtad pura al mercado se explica por la naturaleza de los socialdemócratas, que siempre acaban convirtiéndose en los liberales que en realidad son; se explica por las presiones exteriores sobre nuestros representantes nacionales, quienes, sin embargo, habían prometido expulsar a la globalización del reino; pero se explica también por la mecánica de las elecciones. Dado que, como hemos dicho, las elecciones tienen por función ratificar lo existente, el elegido, por muy anticapitalista que se haya proclamado durante la campaña, será siempre leal al sistema que lo ha consagrado.

Lo dice la Constitución, a la que se someterá salvo en caso de golpe por la fuerza: él es el «garante de las instituciones». Lo dicen y repiten los comentaristas de turno: debe «revestirse del poder de su cargo». Fue así como en 1981 Mitterrand asumió el uniforme confeccionado para un general al que había tratado de dictador. Las Fuerzas del Cambio mutaron en Fuerzas de la Conservación.

Además, incluso un gobernante muy de izquierdas está destinado a convertirse en un engranaje de la administración cuya dirección le ha sido encomendada a través de las elecciones. Tenía reformas que llevar a cabo, pero, sobre todo, tendrá asuntos corrientes que despachar. El administrador de un inmueble normalmente no se pone a repensar los cimientos del edificio, sino más bien a resolver problemas, como el atasco de las bajantes. Cuando hay un atasco, el administrador contrata a unos técnicos, se resuelve la inundación y todo vuelve a su orden.

El elegido es el guardián de la estructura y la estructura lo protege. La sacrosanta «continuidad republicana» invita al elegido a eliminar la aspereza política para que se sume a la causa de la República.

Ahora es «presidente de todos los ciudadanos». No divide, sino que «reúne». Crea la unidad liquidando la política.

Como gobernante de todos los habitantes, velará por que se honren los acuerdos establecidos por su predecesor con los «socios» correspondientes. Será el depositario del compromiso adquirido por la ciudad de tender una alfombra roja fiscal a un líder mundial del automóvil. No se demorará más que los anteriores en inaugurar una fábrica petroquímica para «crear empleo» o una clínica privada que llega en el momento perfecto para «descongestionar el hospital público».

Es erróneo decir que el poder corrompe. Para ocuparlo, hace falta haber aspirado a él y, para aspirar a él, hace falta tener la mente ya corrompida. Hace falta, de entrada, haber renunciado a la política. Al elegido no lo cambia el poder; precisamente, el ejercicio del poder aviva un temperamento policial preexistente, un gusto previo por el orden, un deseo natural de fundirse en el molde institucional. De acoplarse allí.

Se puede, por tanto, enviarles de vuelta la acusación a aquellos que censuran a los abstencionistas por «apoyar el sistema».

Podría demostrarle al votante de izquierdas el regalo que le hace al «sistema» al votar.

Pero entonces estaría invirtiendo moralmente demasiado en un gesto que no merece tanto. Sería dramatizar el voto, darle una importancia política que le niego.

Sería, sobre todo, una absoluta pérdida de tiempo. En la mente educada del votante de izquierdas, el vínculo entre política y elecciones es secular y seguirá siendo inseparable. Es demasiado tarde para deshacerlo. Sería como servir tofu a un ganadero. Por el contrario, el votante de izquierdas le dará la vuelta al asunto: no es él, sino el abstencionista de izquierdas quien vive una contradicción interna.

Entonces proseguirá con su retahíla de «cierto, pero...». El «cierto, pero» es la figura oratoria del *statu quo*. En un solo turno retórico, la objeción queda absorbida por la institución; la negatividad por la norma.

Cierto, las cosas van mal, pero, por lo menos, van. Cierto, las elecciones tienen muchos defectos, pero no tienen solo defectos. Cierto, se comprende la abstención, pero es incomprensible. Cierto, el voto no cambia nada, pero es el único medio de cambiar algo. Cierto, la toma del poder entraña desilusiones, pero también genera progreso, y, aquí, se cita lo de las vacaciones pagadas, las treinta y cinco horas, la pena de muerte.

Y, siempre, el buen sentido matemático sustituido por la clarividencia estructural: bastaría con que la gente de izquierdas votase más para que la derecha ganase menos. Bastaría, de hecho, con que los proletarios votasen.

Aquí entra en danza el segundo axioma del bando social. El axioma epónimo. El axioma social. El pliegue de pensar socialmente los problemas, partiendo de la constatación hecha postulado de que la variable social es el factor determinante y clave de una situación problemática.

Sustentado en la convicción de que los proletarios podrían votar más, el argumento matemático del votante de izquierdas echa por tierra este axioma. «Cierto», los proletarios votan poco, «pero» podrían votar más. En términos absolutos, podrían. En principio, pueden. Allí donde se ausenta la situación social florece la abstracción. Olvidando el axioma epónimo de su supuesto bando, el votante de izquierdas cae en el principio y en el absoluto.

En principio, los dominados pueden votar tanto como los dominadores. Sobre el papel, el derecho al voto es universal y, por tanto, afecta a todas las clases y, por tanto, es igualitario. Una persona = un voto, sea quien sea, venga de donde venga... siempre que pueda presentar un pasaporte patrio. Corresponde, pues, a cada uno dejar oír su voz. Una persona a la que se invita así al banquete de los iguales, sería verdaderamente tonta de no aprovecharlo.

El principio purga a la realidad de sí misma. La vacía de su sustancia social.

Sin embargo, lo social insiste: en la realidad, los proletarios votan poco y los burgueses votan en masa.

Dado que el votante de izquierdas plantado en los principios prefiere juzgar los hechos, en lugar de sacar a la luz sus causas socioeconómicas, acaba amonestando a las clases trabajadoras que trata de defender. Observando con decepción que el dominado real descuida tontamente el derecho que el Estado ofrece al dominado abstracto, lo trata de imbécil.

Desesperar de lo real es el destino del hombre de principios. Y, luego, asumir el paternalismo castigador del partido del orden: si los dominados no votan, que no vengan a quejarse.

El pensamiento social no tiene un principio con el que juzgar lo real o encontrarlo ilógico. El único principio que tiene es lo real. Por lo tanto, lo real siempre es lógico.

El pensamiento abstracto dice: los dominados se abstienen aunque tengan buenas razones para votar. El pensamiento social dice: si los dominados se abstienen es porque tienen buenas razones para hacerlo. Razones, sin duda, absurdas a la luz de un principio entendido como causa original; razones en cuanto que causas, es decir, en el mismo sentido en el que la cebolla causa las lágrimas.

He anotado más arriba una de estas razones: por definición alejados del poder, los dominados no se ponen a hacer aspavientos para tomar el poder o para conservarlo. Dándose cuenta de que la elección está concebida por los dominadores y para su beneficio, los dejan pelearse en familia.

En cierta manera, siempre se vota como dominador.

¿Por qué es hasta lógico que el dominado, cuando vota, vote a la derecha o a la extrema derecha? Porque se las arregla para votar también como dominador. Es decir, en este caso, con el objetivo de protegerse de elementos socialmente inferiores a él que percibe como peligrosos: el inmigrante beneficiario de la cobertura sanitaria universal, el romaní ladrón, el traficante y el adicto, el parado de larga duración que sigue recibiendo ayudas, el pedófilo reincidente liberado por una justicia «laxa». La razón de ser de su voto es conservadora: conservar su pequeña ventaja sobre los que están por debajo de él.

Según esta hipótesis discutible y, por tanto, susceptible de ser discutida, las elecciones no registran la sensibilidad de derechas de los proletarios, sino que producen dicha sensibilidad. Como mínimo, la despiertan, le dan calor.

Todos conocemos la pregunta clásica: ¿por qué votan los pobres a la derecha o a la extrema derecha?

Una respuesta poco clásica: porque todo voto es de derechas.

Si hubo un tiempo en que se consiguió que el voto proletario se inclinase a la izquierda, fue porque se forjó fuera del perímetro electoral. Singularmente, en el seno del partido comunista, o de un marco de pensamiento y de acción similar, como una organización obrera o un cuerpo de inspiración anarquista. El obrero entonces no vota como elector, sino como obrero. Obrero comunista, socialista, anarquista, cristiano o todo ello a la vez. Ya pueden las elecciones librarse en cuarenta y tres vueltas, las papeletas ser amarillas con lunares verdes y la cortina de la cabina de visón que su voto está decidido con antelación, y reglado en otro lugar. Reglado políticamente, socialmente. Así es como el bando social pudo obtener un día buenos resultados.

El electoralismo de izquierdas es una rama del idealismo: se apoya en la idea del voto y no en las condiciones reales de su ejercicio.

A la proclamación enfática de la igualdad ante las elecciones, el pensamiento social replica que las elecciones no se celebran en un cumulonimbo, sino en el suelo firme, con los pies en una sociedad concreta que las afecta, las retuerce, las colorea y, finalmente, pulveriza sus expectativas igualitarias.

El elector no es este ciudadano de papel que se presenta virgen y desnudo en el colegio electoral. Llega socialmente marcado. Siendo heredero de una condición social, llega condicionado. La ocultación general de estas simples evidencias me autoriza a recordarlas.

Condicionado por los medios del orden, por supuesto. Sin embargo, los medios no hacen más que finalizar un trabajo iniciado fuera de ellos. No son más que un vaso de agua en el baño ideológico general. Este baño ideológico es el cuerpo social. Es la familia, el médico del ambulatorio, el barrio, la región, la Agencia de Empleo, el Fondo de Asignaciones Familiares, el curso de reeducación vial, la unidad psiquiátrica donde un ciudadano real aplaca su desgaste profesional, la cámara de comercio donde se inscribe como tatuador… Es el discurso subyacente a todos los dispositivos sociales y que los legitima. Que apuntala en el cerebro del dominado la necesidad de su posición inferior. Que lo deshabitúa a actuar. Que lo dispone a delegar el gobierno de su cotidianeidad. Que lo prepara para ser un votante que sabe elegir. Que sabe elegir a quienes, siendo ya sus superiores, orientan su voto. Que sabe no votar al Nuevo Partido Anticapitalista.

Salvo por contrainfluencia familiar o de su círculo de amigos, un sujeto social no llega neutro ante la elección de salir o no del capitalismo. Llega embebido de los valores del capitalismo en el que está sumergido desde la infancia, de la escuela al mercado de trabajo, donde su posición subordinada se convierte en una segunda naturaleza. La idea de ejercer un voto totalmente independiente tras un examen autónomo y equitativo de la oferta ideológica es como mínimo igual de ridícula que hablar de igualdad de oportunidades en el marco de la competencia liberal.

Los candidatos de la competición electoral no parten tampoco de condiciones de igualdad. Quienes tienen ideas conformes al orden social que cada día les impregna el cerebro parten con una ventaja inalcanzable.

Esta perspectiva fue la única capaz de tranquilizar a los burgueses, preocupados por el poder que el sufragio universal daría a las clases trabajadoras, tan peligrosas y numerosas. Pero la fuerza de persuasión del estado de cosas seguiría actuando. Un proletario bombardeado constantemente con requerimientos para que se sometiese no iba a ir a dar su voto al bando de la insumisión.

Los burgueses entendieron con toda razón que un alumno disciplinado, convertido después en un trabajador serio, no daría lugar a un votante rebelde.

Confrontada a la omnipotente norma no igualitaria de la sociedad, la igualdad formal de los ciudadanos es un tigre de papel.

Si cogemos a un individuo y le retiramos su hábitat, su profesión, la dislexia mal diagnosticada, los padres que lo han educado, el bigote, la amante sueca, el acento de Montélimar y la pasión por la escalada, obtenemos un ciudadano.

El ciudadano es por tanto una construcción formal. Un tejido de abstracciones. Una convención lingüística: como si un trozo de papel plastificado te convirtiera en francés; otro trozo de papel, en elector; otro en votante; y una suma de trozos de papel con tu nombre en ellos, en presidente.

El individuo se convierte así en sujeto político si es capaz de emanciparse de las formas predefinidas de las elecciones.

El sujeto político surge al emanciparse del votante.

La democracia formal planea a cien kilómetros por encima de la sociedad real.

La democracia formal pone en escena a los ciudadanos; la sociedad solo conoce sujetos sociales. En el estado actual de la sociedad, el 80 % de los sujetos sociales no pueden ser ciudadanos. Les es posible votar, y ¿qué menos? Pero ¿y antes? ¿Y después? ¿Pueden supervisar el trabajo de los representantes? Es lo que preconizan los formalistas de la democracia. Y que jamás se hace.

¿Supervisar la conformidad de los actos de los gobernantes con los deseos e intereses de los gobernados? En principio, debería hacerse, pero jamás ocurre.

¿Presentarse en Versalles para reclamar el pan? Eso no se hace prácticamente desde octubre de 1789.

El formalista dirá que estas iniciativas son de la incumbencia de los ciudadanos. Que les corresponde a ellos.

En principio y en términos absolutos, les corresponde a ellos leer el Boletín Oficial del Estado, que nadie lee.

En principio y en términos absolutos, la ignorancia de la ley no exime de su cumplimiento. Esta máxima impagable guarda las espaldas de la clase dominante, que tiene la certeza de que lo que se supone que es no será. Esta brecha entre lo supuesto y lo real le da siempre una ventaja a quien tiene una posición de dominio. Si cualquiera conociese el derecho, los juristas perderían su monopolio. Al partido del orden le interesa que el «ciudadano común» ignore la ley que se supone que no debe ignorar.

En principio y en términos absolutos, un pobre y un rico son iguales ante la ley y ante su guardiana, la justicia. La realidad es que un pobre y un rico están determinados de manera desigual a caer en la ilegalidad, están en condiciones desiguales de pagar a un buen abogado, y desigualmente dotados de primos hermanos situados en puestos influyentes a los que puedan acudir para su defensa. Sin embargo, son iguales ante la ley.

El propietario y el no propietario se benefician formalmente de las mismas protecciones jurídicas de la propiedad.

El partido del orden proclama una igualdad formal para exonerarse de la desigualdad real. Proclama la igualdad ante el voto para enmascarar la corrupción social de las elecciones.

Para el orden es muy fácil declarar ciudadanos a todos, sabiendo bien que no todos tienen tiempo de serlo.

La ciudadanía es un trabajo y los sujetos sociales ya tienen uno. Ejercer la ciudadanía requiere de tiempo y los sujetos sociales no lo tienen.

¿Por qué no supervisa el votante a los elegidos? ¿Por qué sería incapaz de asumir un hipotético mandato imperativo? Ante todo, porque las imposiciones sociales se comen su tiempo.

A las personas atadas al trabajo la mitad de su vida diurna solo les quedan por la tarde unas pocas horas para hacer las compras, preparar la comida, atender a asuntos ordinarios, acostar a los niños, hacer más niños y dormir para recargar su capacidad de trabajar al día siguiente. Un trabajador-ciudadano estaría obligado a lo que el feminismo denomina «doble jornada». El trabajador ni siquiera lo intenta... y nadie lo obliga. Al contrario. «Nosotros nos ocupamos de todo».

¿Quién se ocupa de todo? Los ricos, que no son precisamente los dominados; los jubilados, que no son los más subversivos; los profesionales de las elecciones, que provienen principalmente de las clases favorecidas; los altos funcionarios al servicio del Estado. Acaparada por los privilegiados que no tienen que hacer más que eso, la gestión de la ciudad es la gestión de los privilegios.

Cualquier reflexión sobre la democracia alejada de una reflexión sobre el tiempo que ocupa el trabajo, y muy especialmente el trabajo asalariado, es una dulce ensoñación. La democracia verdadera, es decir, el poder de decisión efectivo de cualquier persona, no se puede concebir sin reorganizar previamente de manera igualitaria la producción y el reparto de la riqueza, es decir, sin disolver el orden de la propiedad.

Un orden social no igualitario no puede producir ciudadanos iguales. Sin embargo, supuestamente solo hay ciudadanos iguales, en igualdad de condiciones para decidir sobre la cosa pública y común.

En un orden social no igualitario, la democracia solo tiene lugar por accidente, mediante la aparición de lo informe en la forma. En ningún caso instituyéndose.

Desde hace algún tiempo, la crítica de las instituciones que llaman políticas ha conocido un nuevo vigor.

Los chalecos amarillos reivindicaron repetidamente la institución de un referéndum de iniciativa ciudadana. Este infalible referéndum sería el acto fundador de la democracia, del cual emanaría la igualdad como la mariposa de la oruga. O, mejor dicho, como la mariposa de la mariposa, porque haría falta que la oruga fuese ya poderosa para imponer una institución que la empoderase. Los reivindicadores se agotaban así en este círculo infernal. Daban vueltas en círculos.

En una versión más perfeccionada de este escenario ideal, el acto fundacional veía al «pueblo» declararse constituyente y redactar una constitución de su propia mano para acabar con la fatalidad conservadora de los gobernantes que conciben entre ellos las reglas de gobierno, de los pudientes que garantizan el control por parte de los pudientes. La empresa era formalmente admirable, pero realmente estéril.

En las dos propuestas cegaba el resplandor utópico de masas de trabajadores propulsadas repentinamente al timón y dispuestas a autogobernarse sin dejar de ser trabajadoras. Por arte de magia, los camareros, los conductores de camiones, los carretilleros, los cuidadores a domicilio, los cajeros, los teleoperadores de Decathlon, los secretarios médicos, los técnicos de calefacción, los eternos interinos y los repartidores de sushi guineanos seguirían siéndolo, pero encontrarían de repente el tiempo y la energía para ejercer su soberanía. Lo harían durante el fin de semana o entre semana después del curro. Llegando en bus a una asamblea decisoria, estos subalternos sociales se pasarían primero por el vestuario para transformarse en soberanos políticos, a la manera de Clark Kent convirtiéndose en Superman.

En las dos propuestas deslumbraba también la decisión fantástica de una clase dominante que abandonaría sus privilegios en favor de la mayoría, tras haber empleado siglos en consolidar su jerarquía mediante la dominación económica, la verticalidad feudal, el sufragio censitario, la democracia representativa, la profesionalización de la política, la inmersión en la propaganda liberal y una furia productivista que agota al dominado y lo relega a mil kilómetros del poder de decisión. Un gesto magnánimo, caritativo. Una bizarría aristocrática. La repentina e innegable revelación de la obscenidad de sus privilegios. Una brutal aversión hacia sí mismos de la que la historia solo tiene un ejemplo, en el siglo XII, cerca de Asís.

Como por ensalmo, el cuerpo social quedaría transformado en cuerpo político.

Y, surgida de un círculo de luz, una nueva clase dominante y mágica que, a la manera de los buenos reyes de antaño, accede a la petición de un pueblo no menos fantástico. Un pueblo purgado de la condición popular. Un pueblo del que a menudo se lamenta la ausencia, y con razón.

Quien quiera dar «el poder al pueblo» sin considerar la subyugación cotidiana de las clases populares estará encajando piezas de Lego en una cámara de vacío.

La democracia es una cuestión social. No es el advenimiento de la democracia lo que genera un orden social igualitario, sino al revés. O al menos los dos deben suceder al mismo tiempo. Quien piense en uno sin el otro separa artificialmente lo que la realidad imbrica.

Pensar en el cuerpo político sin el cuerpo social es una desviación de politólogo o de conferenciante de ciencias políticas. Una enfermedad endémica de la filosofía política, disciplina sin relación alguna con la política y de la que la política no tiene nada que extraer.

Las elecciones no son un tema en sí, y un libro que quiera demostrarlo es una contradicción con patas. Acabemos pues con rapidez.

Como mínimo, la elección de votar o no hacerlo no es una elección política.

Volvamos por tanto al principio de este ensayo. Entre mis amigos interesados en la política, algunos votan y otros no, y nuestra amistad es independiente de ese hecho. Que yo no vote no molesta a los primeros, y si votase, los segundos tampoco me lo echarían en cara. Apasionados por cualquier tema, en nuestros debates abordamos las elecciones como abordaríamos una preferencia en el vestir o un destino de vacaciones. El año pasado, Antoine pasó una semana en Ardèche y, además, no votó en las municipales. O sí lo hizo. No me acuerdo. No hablamos de eso. Preferimos la política.

El próximo domingo electoral, mientras que otr@s eligen un@ candidat@ más o menos racista, pero impecablemente leal a los comerciantes, nosotros nos iremos a caminar por el canal de l'Ourcq. El aire será agradable y sentiremos el cuerpo ligero. Nuestro paseo despreocupado nos llevará a la entrada de la Villette, donde, bajo la circunvalación, trescientos afganos tratan de aguantar el frío. Unas cuantas ratas correrán entre los desechos acumulados a pocos metros. Trataremos de no hacer una mueca por el olor a excrementos. Mientras clasifican la ropa traída por unos cuantos vecinos generosos, miembros del colectivo Pantin Solidaire, conformado para ayudar a hacer frente al invierno, nos explicarán que el número de refugiados aumenta con las llegadas directas a Francia, pero también por la evacuación de otros campamentos improvisados. Los que son expulsados de otros lugares llegan aquí, y algunos expulsados de aquí llegarán a otros lugares. Comen y beben gracias a la asistencia humanitaria. Las asociaciones a veces les consiguen acceso a duchas o a espacios cerrados, que les permiten aliviar su situación durante unas horas.

A pesar de las muchas veces que se ha solicitado, las autoridades locales no proponen ninguna solución, ni siquiera provisional. Nos dirigimos hacia un nuevo «refugio» de la prefectura: los policías despiertan a las personas del campamento a las seis de la mañana y empujan a estos refugiados hacia autobuses que los llevan a nadie sabe dónde. Un rumor dice que a Burdeos, otro que a Poitiers. Lo importante para las autoridades, valiéndose de la fuerza policial, es que estas personas despejen el lugar y se quiten de la vista. Otras veces, para facilitar el desalojo, les confiscan las tiendas o les rajan las lonas.

Ayer, los voluntarios se reunieron para plantearse ocupaciones ilegales de oficinas vacías. Cada vez hay menos reticentes. Cada día les impacta más la brecha entre la ley y la justicia.

Al cabo de una hora, nos iremos y, contra todo pronóstico, llevaremos un paso más ligero que a la ida. Esta especie de euforia se deberá sin duda a una conciencia autosatisfecha, pero también al baño de realidad que llevaremos reflejado en la cara. La realidad que dejamos atrás nos empujará como un viento.

Llevados por este impulso, nos meteremos en un tren de alta velocidad en dirección al lugar donde está prevista la construcción de Imagiland. Si no existiera el colectivo ImagiNon, yo no habría oído hablar de Imagiland. La política es una pedagoga excepcional. Gracias a ImagiNon, supe que Imagiland es un proyecto de parque temático del cómic, aprovechando la cercanía de Angulema, impulsado por el inversor chino Dragontoon, con un presupuesto de ciento cinco millones de euros. La región de Aquitania ha aprobado una subvención de dos millones de euros. La construcción se ha encargado al grupo Vinci, que aún está recuperándose de la cancelación de la obra del aeropuerto de Notre-Dame-des-Landes, frustrada por una valiente oposición. El espacio donde está proyectado el parque temático es una antigua cantera convertida en humedal, con habitantes allí asentados y con especies protegidas.

Hace un año, la gente del lugar se reunió para hablar, hablaron para actuar y actuaron para bloquear la obra y promover otra manera de ocupar el espacio vital, de ocupar los domingos, de ocupar todos los días como si fueran domingo.

Esta mañana, una reunión se dedica a imaginar otras acciones de alerta, sin incidir en el reto de sensibilizar a la gente, anestesiada y con la atención volcada en las elecciones en curso.

Surgen ideas, algunas descabelladas. La gente se ríe. Hace bueno.

Como hace bueno, podemos acercarnos a la marisma poitevina a saludar al colectivo Bassines non merci.

A los megaestanques este colectivo dice: «No, gracias». El colectivo es educado. La radicalidad política no impide serlo. Al contrario. La política enseña cortesía a la policía.

Fue la expresión pública de este «No, gracias» lo que me dio a conocer la existencia de los megaestanques, esos cráteres plastificados de un tamaño entre cinco y quince hectáreas. El agua escasea en todas partes mientras la agricultura intensiva, intrínsecamente creciente, consume cada vez más y, para ello, concibe nuevos procedimientos de intensificación del riego. La destrucción es muy inventiva.

En Francia se prevé la construcción de noventa y tres megaestanques próximamente, de los que más de una decena serán en la marisma poitevina. Este proyecto, financiado en un 70 % por el gobierno, se realizará en un marco completamente legal. Lo que hace la política es cuestionar el estado de cosas en favor de un nuevo estado de cosas aún no ratificado por el legislador. La política es ilegalista, desleal. En una sociedad injusta, el civismo es desobediente.

El pasado noviembre, tres mil personas y veinte tractores tomaron el emplazamiento de un megaestanque. La multitud ocupó el terraplén y retiró el revestimiento para ponerlo fuera de servicio. Se desmontó también un elemento de la instalación de bombeo que alimenta el megaestanque y que materializaba a la vista de todos el hecho de que estos lugares se llenan principalmente mediante el bombeo de agua de las capas freáticas. Poco después, el ministro de Agricultura, que había afirmado que los megaestanques se llenan con las lluvias del invierno, hubo de afrontar los hechos consumados.

Así fue como, siquiera por unos segundos, los hechos anularon las palabras del ministro.

Yo no estaba allí. Fue Lucie-Anna, miembro del colectivo, quien me lo contó. Junto a otros, trabaja por la formación del Ágora de los Habitantes de la Tierra, que ha lanzado la campaña «Liberemos el agua de la Bolsa» como reacción a la primera cotización del agua por iniciativa del fondo de inversión BlackRock. «Los mercados financieros —me explica Lucie— pretenden traficar con la escasez para garantizar, mediante un precio especulativo, que haya agua disponible para las empresas que mayor consumo realicen».

A largo plazo, el Ágora se ampliará para pasar a ser un Consejo Mundial de Ciudadanos para la Seguridad de los Bienes Comunes de la Tierra. Sus miembros se elegirán al azar entre una lista de voluntarios de todo el mundo. Podrán tener entre cinco y ciento quince años. Una cotización planetaria los sufragará mientras ocupen su cargo y tengan que dejar de lado sus empleos. Además de sus atribuciones, cada uno podrá representar a una especie animal. Uno podrá hablar por las libélulas, otro por las nutrias. Cada un@ hablará por tod@s, incluido él o ella mism@s. Los debates irán seguidos de efectos. La tarde estará avanzada. Todos estos encuentros nos habrán dado hambre. Nos iremos a buscar un rincón lleno de vegetación donde extender un mantel para merendar. En cien pasos estaremos solos, fuera del alcance del ruido nacional. Susurraremos las bromas para no perturbar el concierto de los insectos. Tendidos bajo el gran sol amarillo, morderemos un melocotón y dejaremos que el jugo nos resbale por el cuello.

Menuda papeleta es el quincuagésimo libro de la colección La muchacha de dos cabezas. Compuesto en tipos Dante, se terminó de imprimir en los talleres de KADMOS por cuenta de ERRATA NATURAE EDITORES en abril de 2024, unos doce siglos después de que, tras la victoria de los monarcas cristianos contra los musulmanes en la batalla de Clavijo, se instaurase el llamado «voto de Santiago», a saber: un impuesto anual derivado de las primeras cosechas y vendimias que servía de agradecimiento a la intervención divina del apóstol, que supuestamente habría otorgado la victoria a sus fieles en el campo de batalla, pero que, oh sorpresa, debía ser abonado por todos los campesinos directamente al arzobispado y del que estaban exentos los reyes y su caterva de nobles… y parece que tanto tiempo después ahí seguimos: yendo a «entregar nuestro voto» a las autoridades de turno.